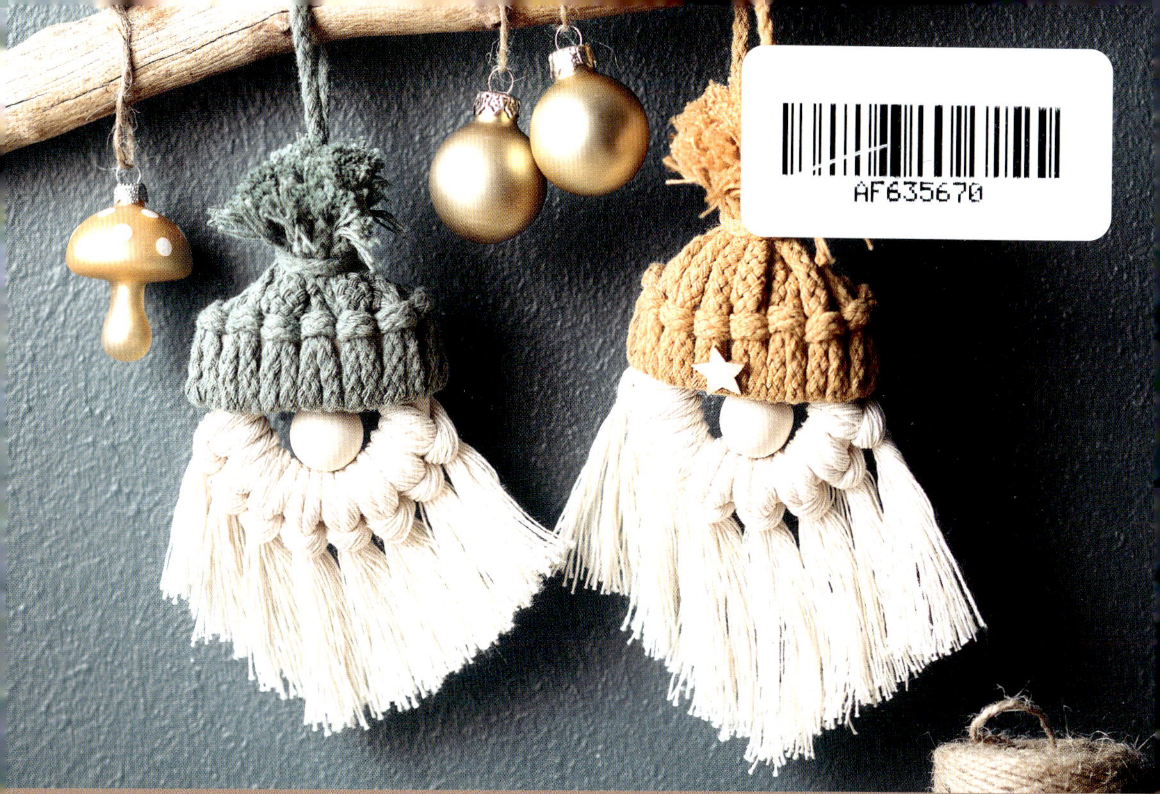

Es ist unglaublich faszinierend, wie durch nur wenige Knoten ein einzigartiges Makramee-Kunststück entsteht. Makramee ist die Knotenkunst unserer Zeit. Denn mit Makramee trainieren wir nicht nur unsere Finger, sondern ermöglichen uns eine Auszeit vom Alltagsstress. Dazu kommt natürlich auch, dass alle Makramee Kunststücke wahre Hingucker sind!

Mit diesem Buch haben Sie die Möglichkeit, mithilfe von Schritt-für-Schritt-Anleitungen einzigartige, natürliche Weihnachtsdekoration für Ihr Zuhause zu knüpfen, die Ihnen lange Freude bereiten werden.

Ich hoffe, dass Sie sich in dieser besinnlichen Weihnachtszeit eine schöne Auszeit nehmen können und dass das Knüpfen Ihnen eine wohlverdiente Pause vom stressigen Alltag bietet.

Viel Spaß beim Knüpfen wünscht Ihnen

Sema Kaya

AF635670

Grundlegende Knoten

Ankerknoten (vorwärts)

1 Legen Sie die beiden Enden eines Fadens zusammen und ziehen Sie die entstandene Schlaufe von oben hinter dem Rundholz nach unten.

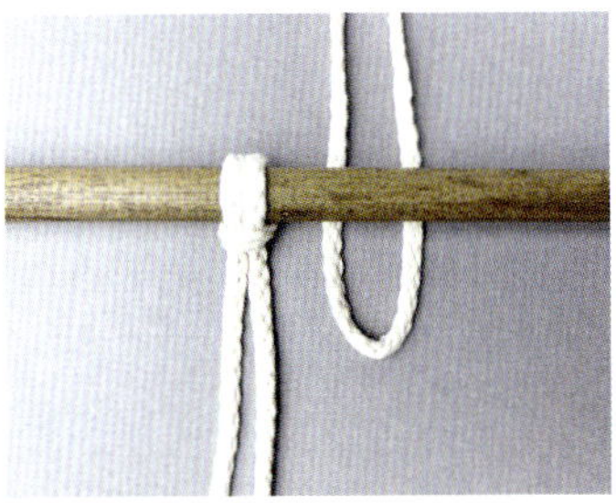

2 Nun führen Sie beide Enden durch die Schlaufe und ziehen diese nach unten, bis der Knoten am Rundholz festsitzt.

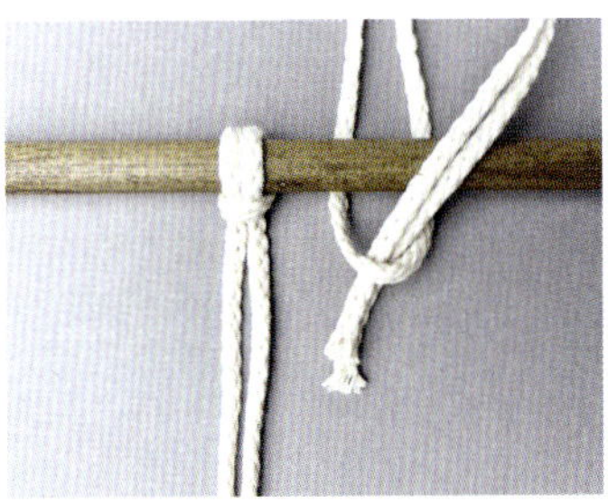

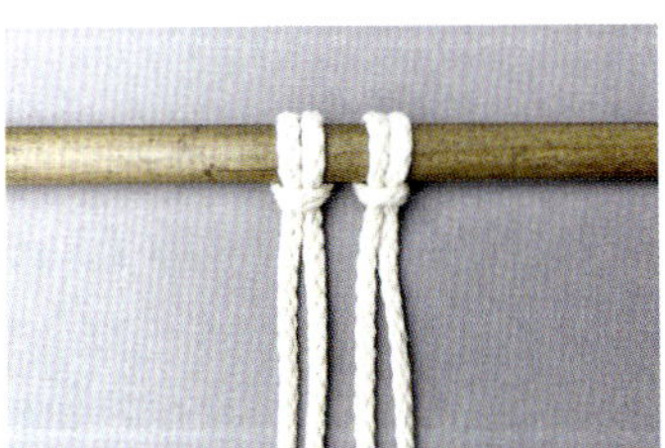

Ankerknoten (rückwärts)

1 Legen Sie die beiden Enden eines Fadens zusammen und ziehen Sie die entstandene Schlaufe von unten hinten nach oben.

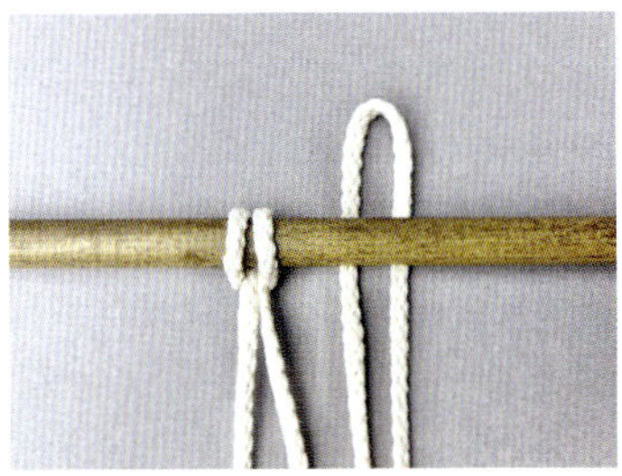

2 Nun ziehen Sie die Enden der Fäden durch die Schlaufe nach vorne und ziehen diese Fäden straff nach unten.

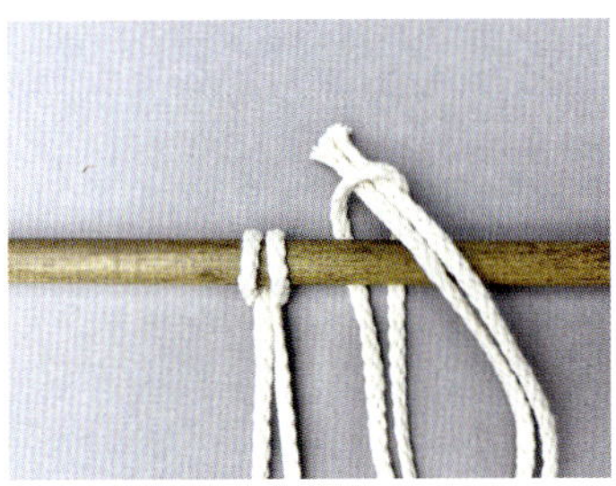

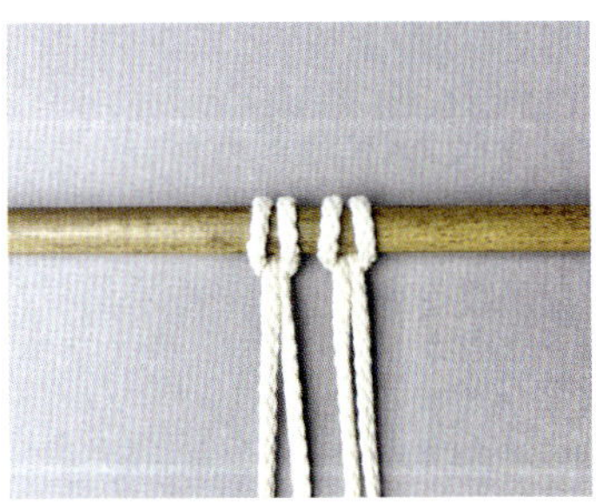

Wellenknoten

1 Beim Wellenknoten arbeiten Sie immer mit vier Fäden. Die zwei äußeren Fäden sind die Arbeitsfäden, mit diesen wird geknotet. Die mittleren Fäden sind Trägerfäden, welche beim Knüpfen passiv sind und nur als Träger dienen.

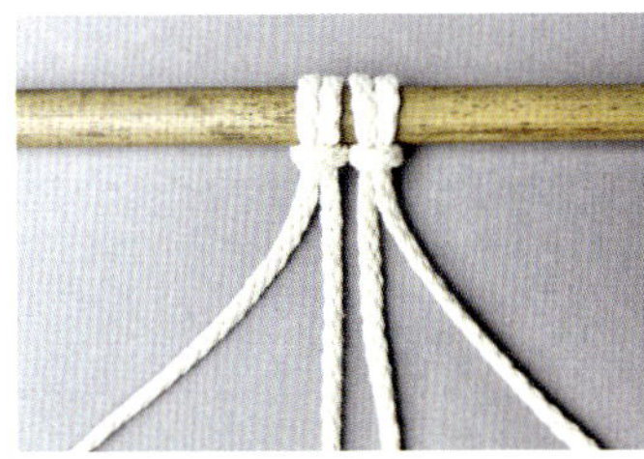

2 Nehmen Sie den rechten Arbeitsfaden und legen Sie diesen nach links über die zwei Trägerfäden.

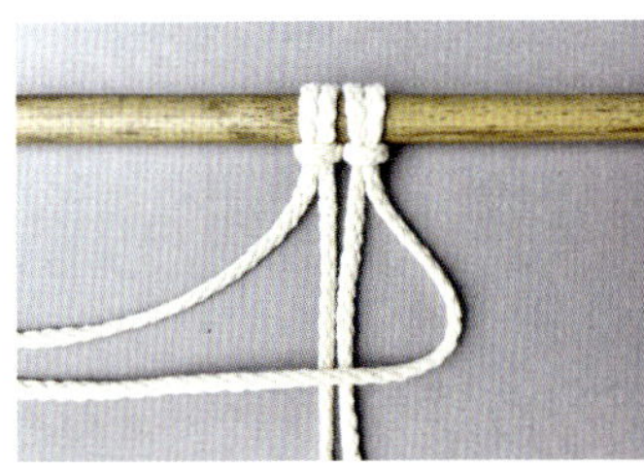

3 Nehmen Sie den linken Arbeitsfaden und legen Sie diesen über den rechten Arbeitsfaden.

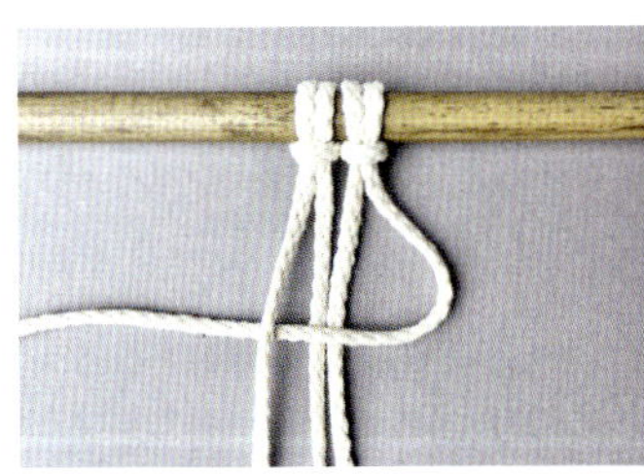

4 Nun führen Sie den linken Arbeitsfaden, welcher oben liegt, unter die beiden Trägerfäden und durch den Zwischenraum nach vorne.

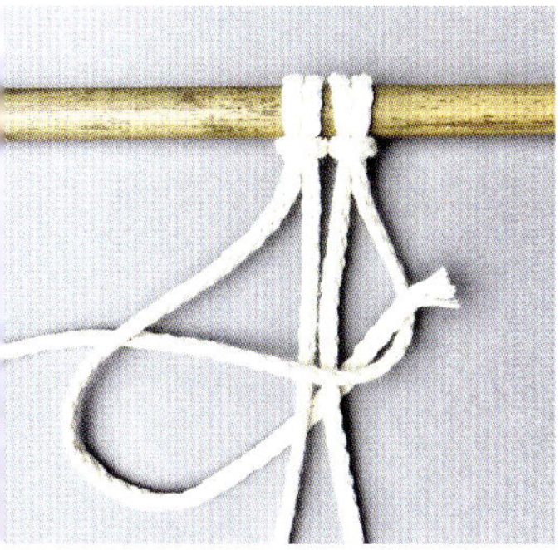

5 Anschließend ziehen Sie den rechten und linken Arbeitsfaden fest und bewegen ihn gleichzeitig nach oben. Versuchen Sie dabei die mittleren Trägerfäden festzuhalten, damit diese schön straff bleiben.

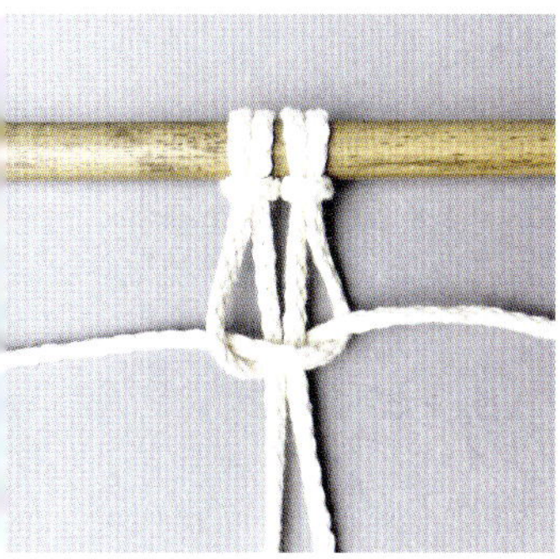

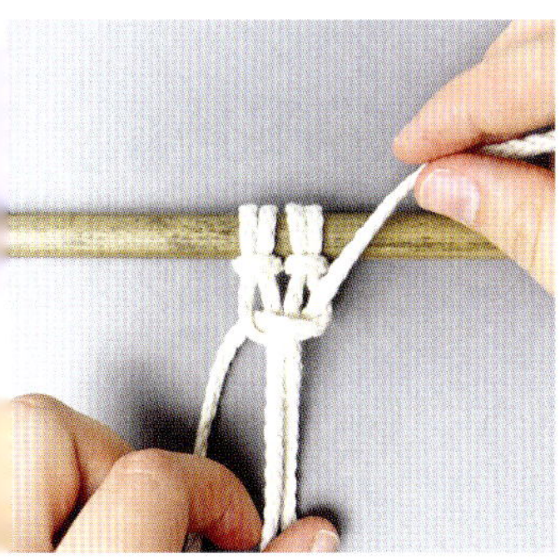

6 Wenn Sie diesen Wellenknoten nacheinander knoten, ergibt sich automatisch ein Wellenmuster, da Sie immer in eine Richtung knüpfen.

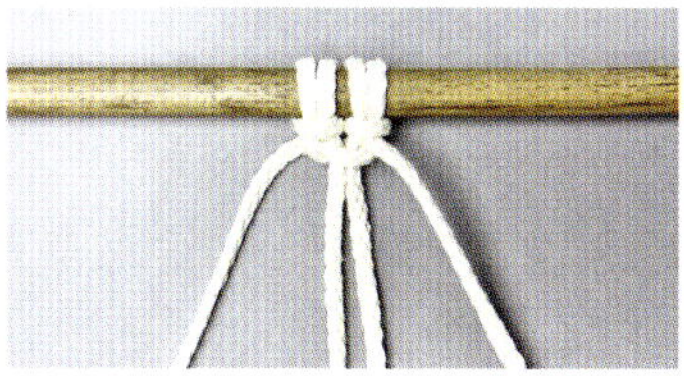

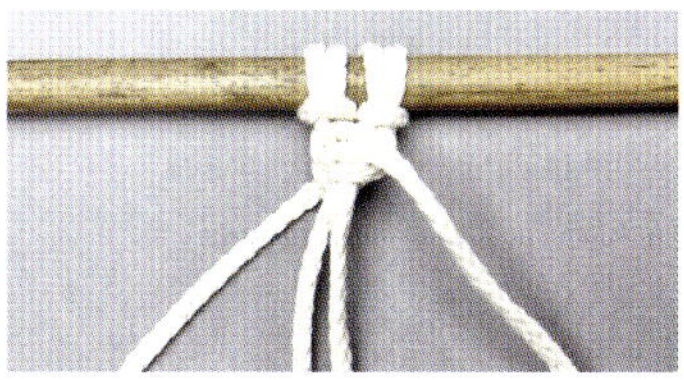

Kreuzknoten

1 Beim Kreuzknoten arbeiten Sie ebenfalls mit vier Fäden. Hier wird der Wellenknoten erweitert und durch den gleichen spiegelverkehrten Knoten ergänzt.

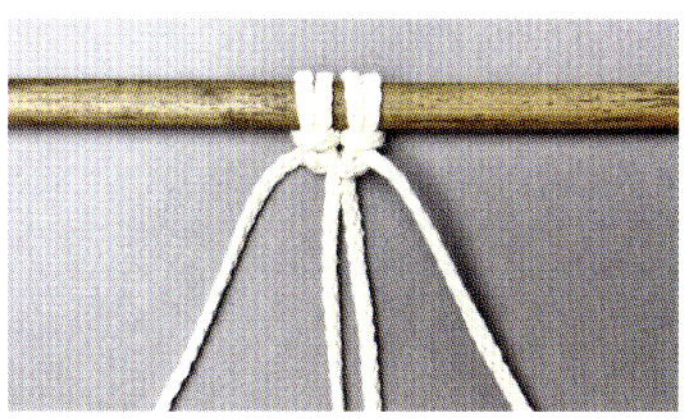

2 Nachdem Sie die Schritte 1–5 des Wellenknotens durchgeführt haben, wiederholen Sie dieselben Schritte spiegelverkehrt. Dafür beginnen Sie diesmal mit dem linken Arbeitsfaden.

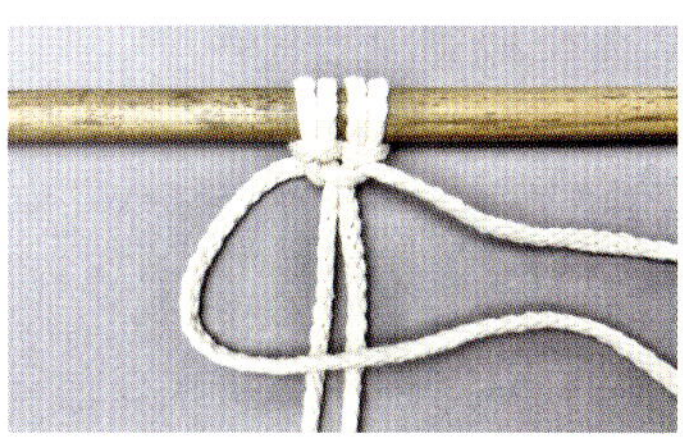

3 Der rechte Arbeitsfaden wird nach oben und hinter die Trägerfaden durch den Zwischenraum nach vorne gezogen.

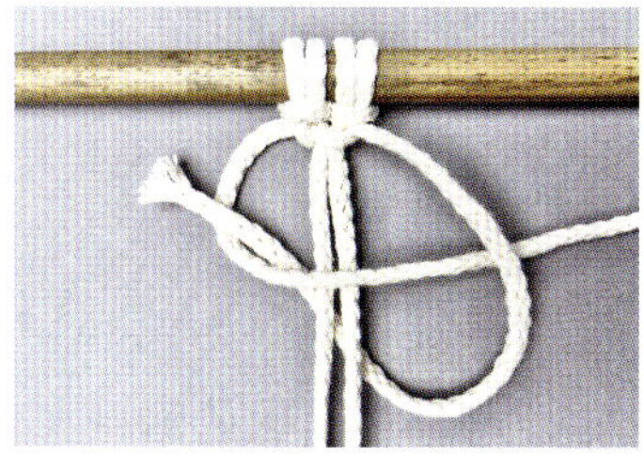

4 Ziehen Sie den rechten und linken Arbeitsfaden wieder gleichzeitig nach oben bewegend zusammen und halten Sie die Trägerfäden dabei straff.

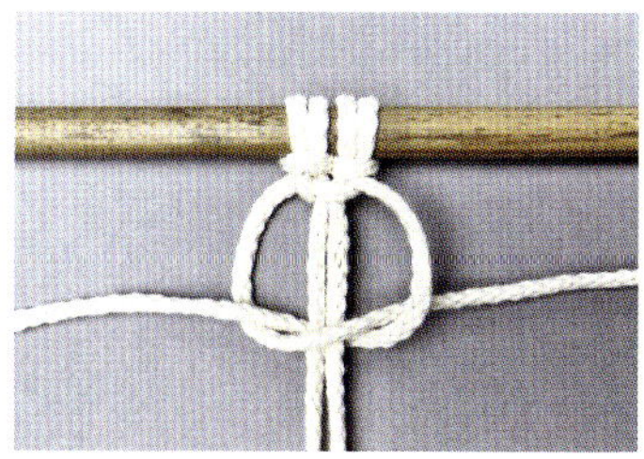

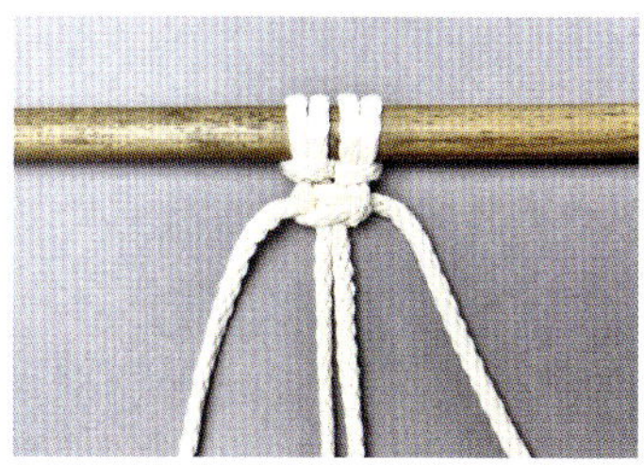

5 Wenn Sie den Kreuzknoten untereinander knüpfen, entsteht ein gerades Muster.

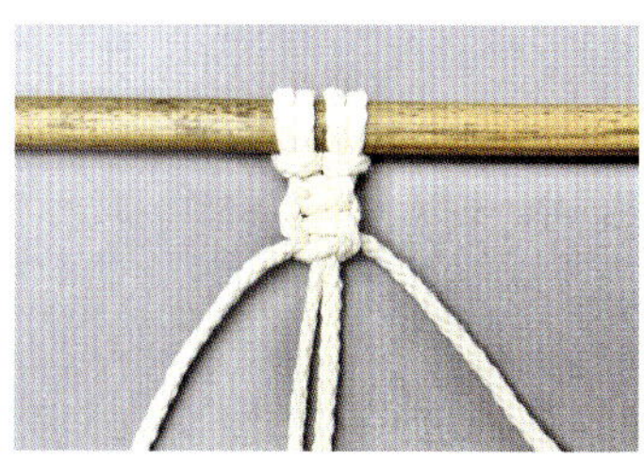

Rippenknoten (links)

1 Wenn das Rippenmuster nach rechts verlaufen soll, Sie also von der linken Seite beginnen, nehmen Sie den Trägerfaden in die rechte Hand. Mit dem Trägerfaden werden Sie nicht knüpfen, dieser trägt nur die Arbeitsfäden.

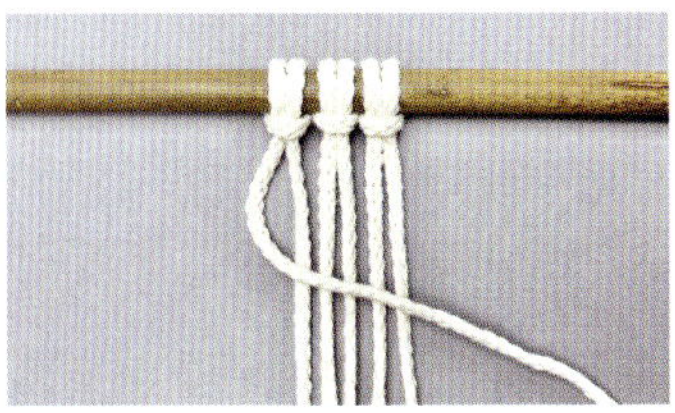

2 Nun nehmen Sie den ersten Arbeitsfaden, somit den danebenstehenden Faden und legen diesen nach oben.

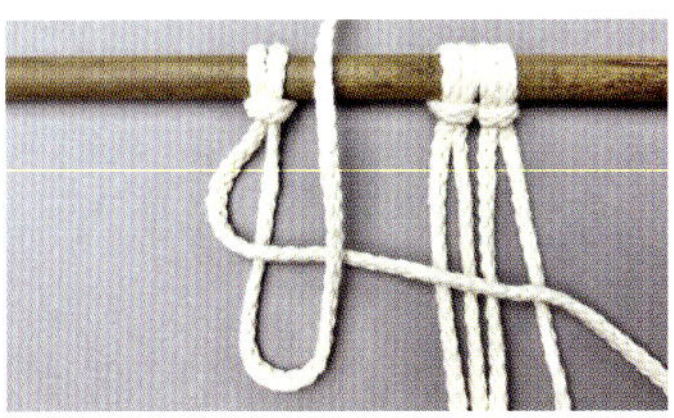

3 Daraufhin führen Sie den Arbeitsfaden durch den oberen Zwischenraum zwischen Träger- und Arbeitsfaden. Sie bewegen den Knoten an die gewünschte Stelle und ziehen ihn dann fest, indem Sie den Trägerfaden festhalten und den Arbeitsfaden festziehen. Dies war der erste halbe Schlag eines Rippenknotens.

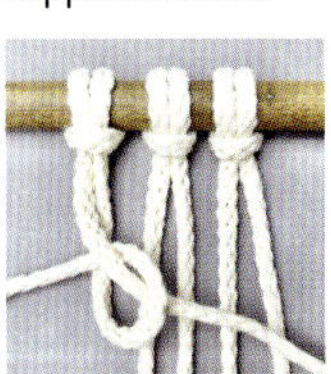

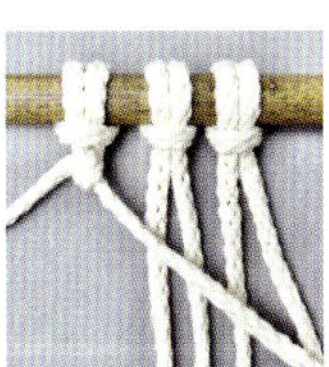

4 Nun wird der zweite halbe Schlag des Rippenknotens geknüpft. Dafür wiederholen Sie die Schritte 2 und 3. Wenn Sie beide halbe Schläge gemacht haben, sitzt ihr Rippenknoten fest und ist vollständig.

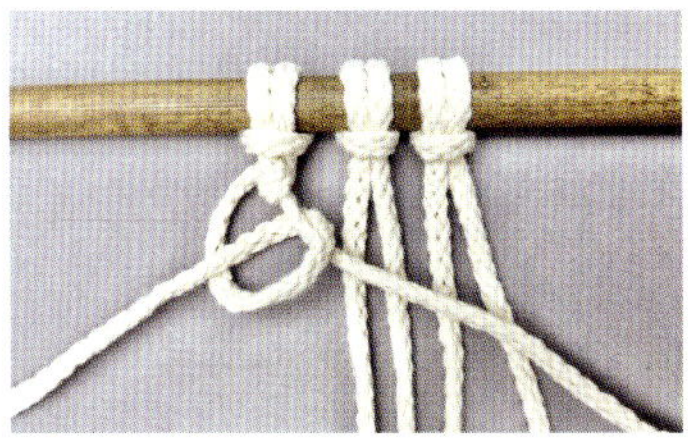

5 Wiederholen Sie die Schritte 2–4 für die danebenliegenden Arbeitsfäden. Wenn ihr Muster nach unten verlaufen soll, lassen Sie bei jedem weiteren Arbeitsfaden etwas Abstand zum Rundholz. Dieser ändert sich abhängig von ihrem gewünschten Endergebnis.

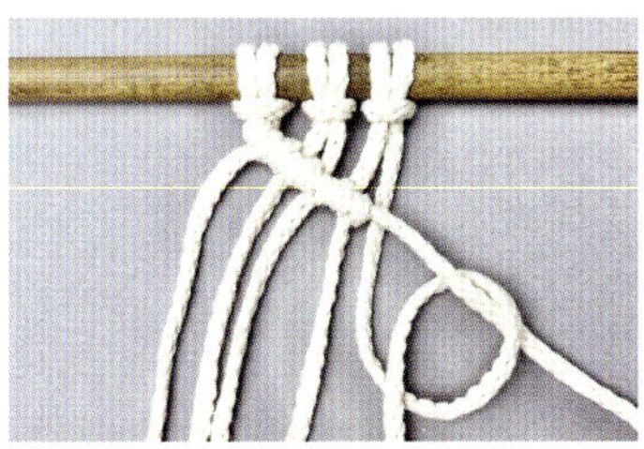

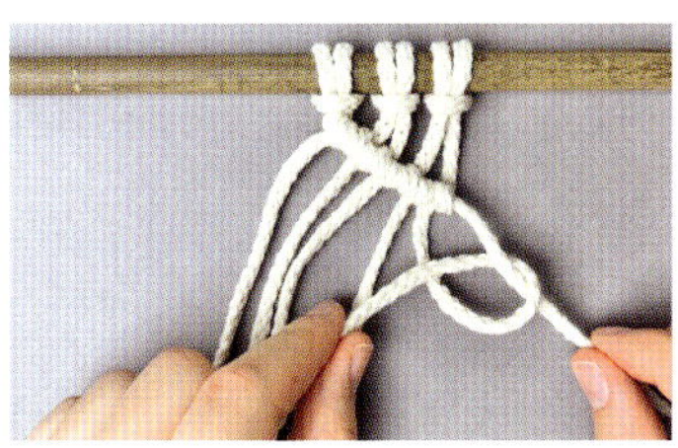

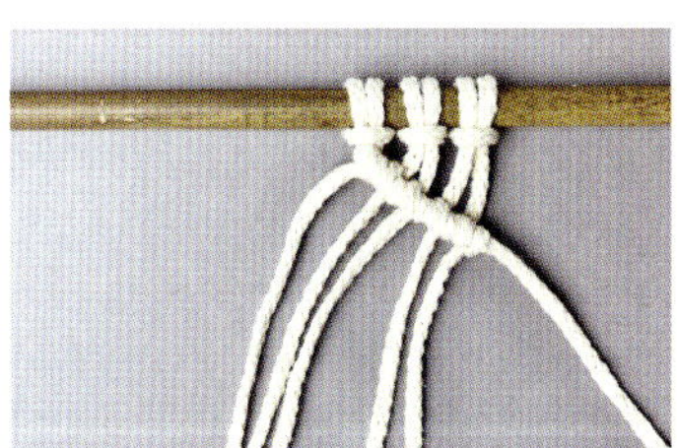

Rippenknoten (rechts)

1 Wenn das Rippenmuster nach links verlaufen soll, Sie also von der rechten Seite beginnen, nehmen Sie den Trägerfaden in die linke Hand. Mit dem Trägerfaden werden Sie nicht knüpfen, dieser trägt nur die Arbeitsfäden. Nehmen Sie den ersten Arbeitsfaden, somit den danebenstehenden Faden und legen diesen nach oben. Führen Sie nun den Arbeitsfaden durch den oberen Zwischenraum zwischen Träger- und Arbeitsfaden. Sie bewegen den Knoten an die gewünschte Stelle und ziehen ihn dann fest, indem Sie den Trägerfaden festhalten und den Arbeitsfaden festziehen. Dies war der erste halbe Schlag eines Rippenknotens.

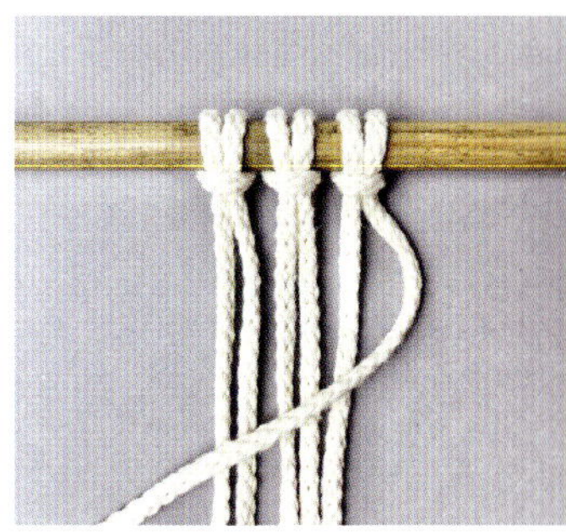

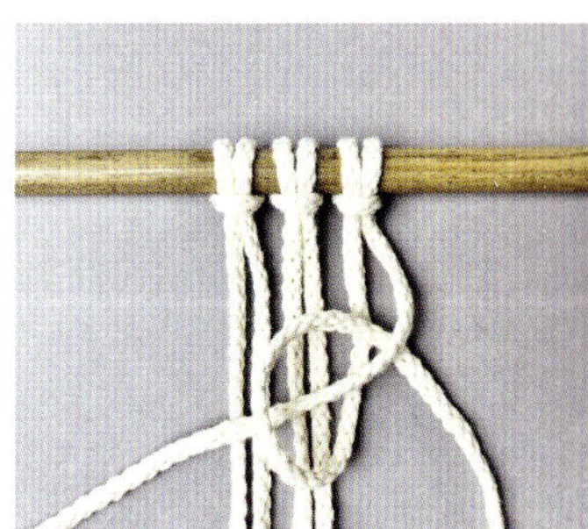

2 Nun wird der zweite halbe Schlag des Rippenknotens geknüpft. Dafür wiederholen Sie Schritt 1. Wenn Sie beide halben Schläge gemacht haben, sitzt Ihr Rippenknoten fest und ist vollständig.

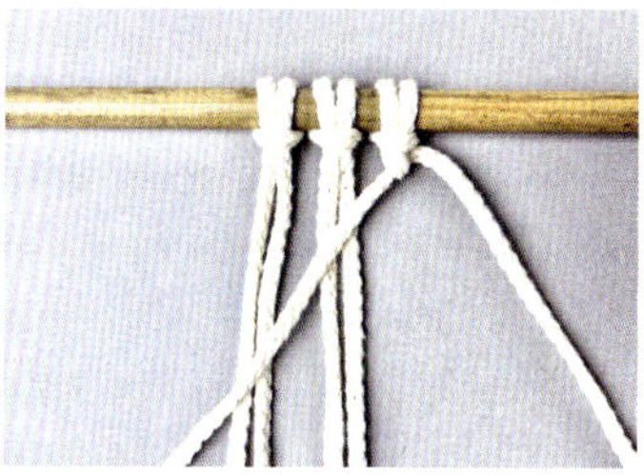

3 Wiederholen Sie die Schritte 1 und 2 mit den danebenliegenden Arbeitsfäden, bis Sie das gewünschte Muster erhalten haben.

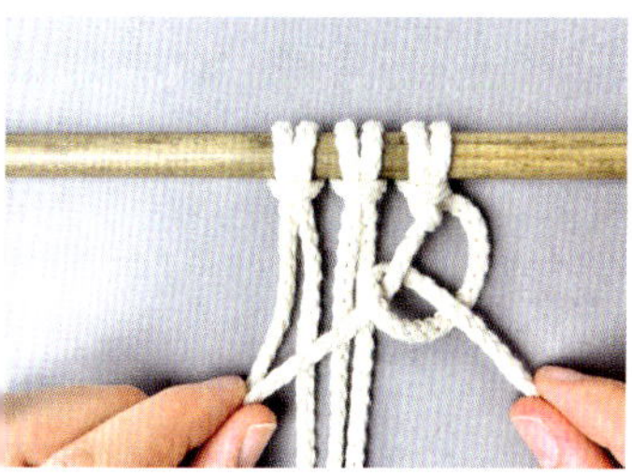

Wickelknoten

1 Nehmen Sie einen extra Faden und legen Sie diesen mit einer nach unten gerichteten Schlaufe an ihre Fäden. Die linke Seite des Fadens sollte dabei kurz, die rechte Seite sollte lang sein.

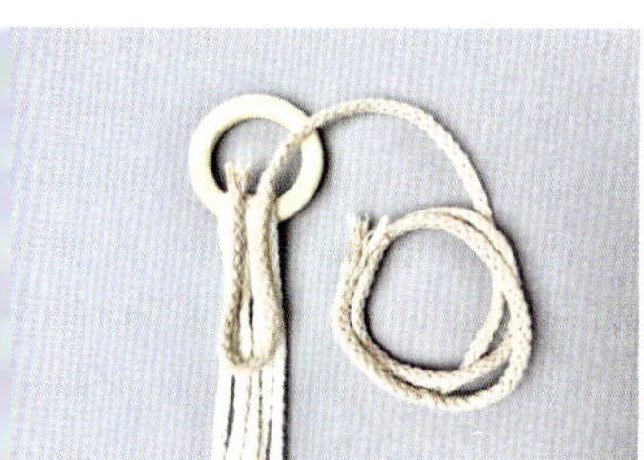

2 Halten Sie Ihren angelegten Faden mit dem Daumen fest und führen Sie dabei das lange Ende des Fadens von links um alle Fäden herum.

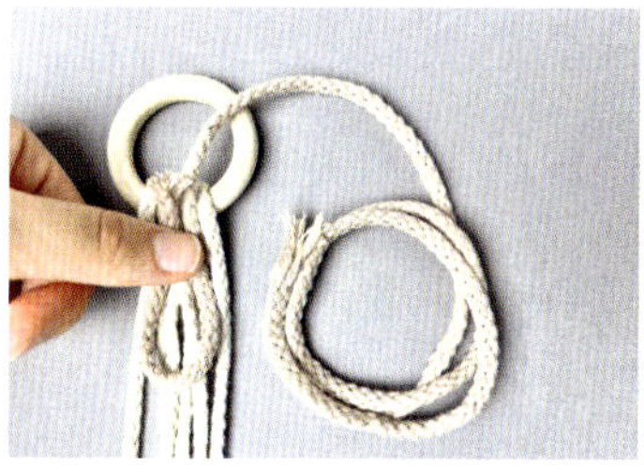

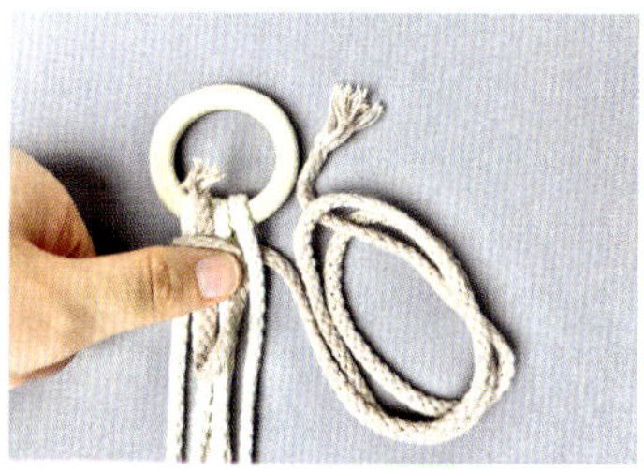

3 Wickeln Sie den langen Faden mehrmals untereinander um die Fäden herum, bis dieser kürzer wird.

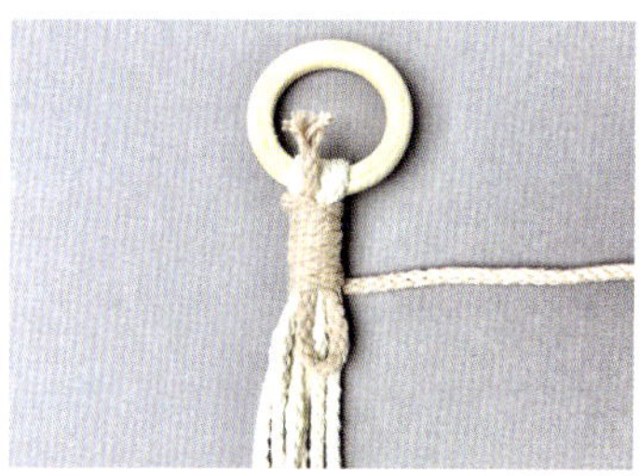

4 Nun führen Sie das Ende des Wickelfadens durch die Schlaufe nach unten durch.

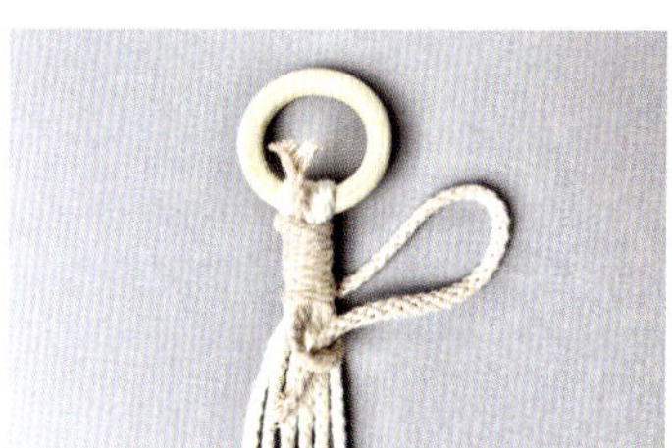

5 Ziehen Sie anschließend die oben und unten herausstehenden Enden des Fadens gleichzeitig zusammen. Dabei sollte vor allem am oberen Faden stark gezogen werden, damit der Knoten unter dem umwickelten Abschnitt verschwindet.

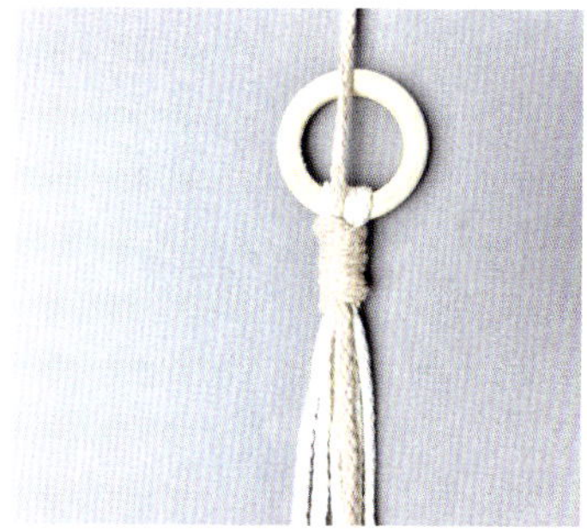

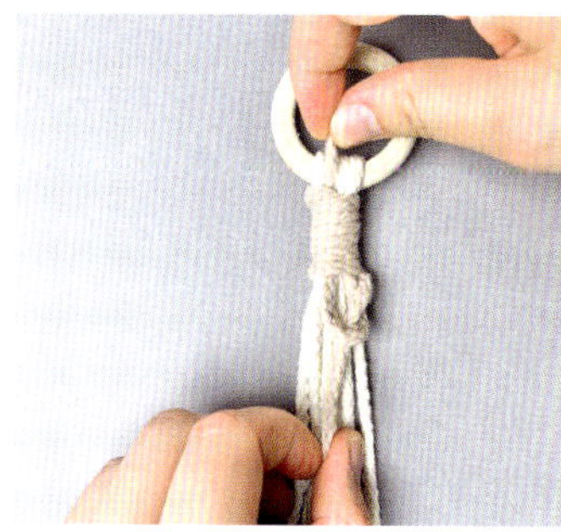

6 Schneiden Sie die herausschauenden Enden ab.

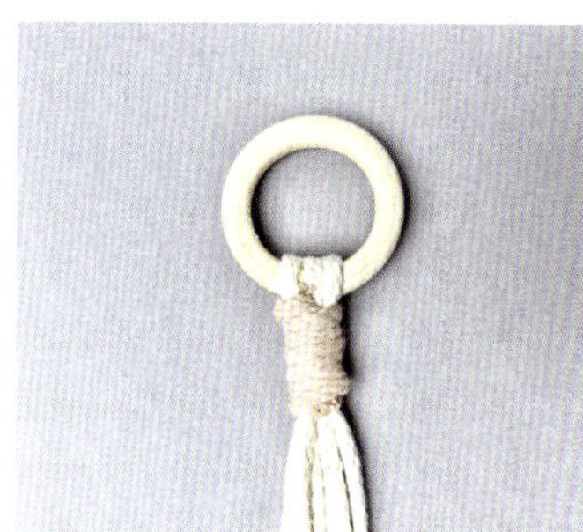

Tannenbaum-Wandbehang

MOTIVGRÖSSE
ca. 26 cm x 12 cm

MATERIAL
- 2 Baumwollfäden in Grün, geflochten, ø 4 mm, 1,30 m lang
- 2 Baumwollfäden in Grün, geflochten, ø 4 mm, 1,10 m lang
- 2 Baumwollfäden in Grün, geflochten, ø 4 mm, 90 cm lang
- 2 Baumwollfäden in Grün, geflochten, ø 4 mm, 70 cm lang
- Holzstern oder Holzring

1 Befestigen Sie die zwei 1,30 m langen Baumwollfäden mit einem Ankerknoten (rückwärts) am Holzstern. Knüpfen Sie anschließend einen Kreuzknoten.

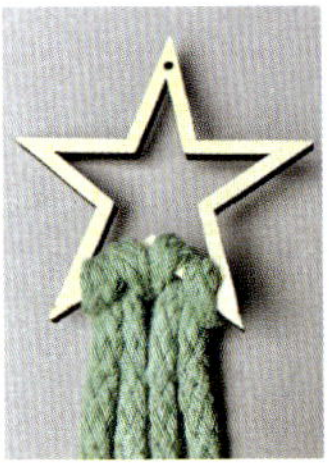

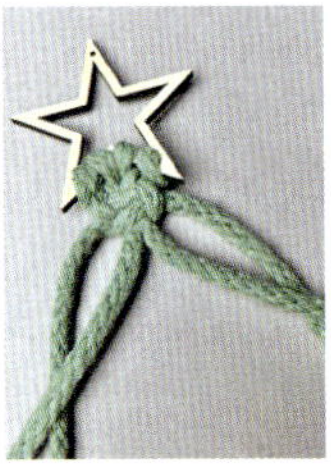

2 Nehmen Sie jeweils einen der mittleren Fäden als Leitfaden und knüpfen Sie mit dem danebenliegenden Faden einen Rippenknoten. Fügen Sie dann auf jeder Seite einen der 1,10 m langen Fäden mit einem Ankerknoten (rückwärts) an den Leitfaden hinzu.

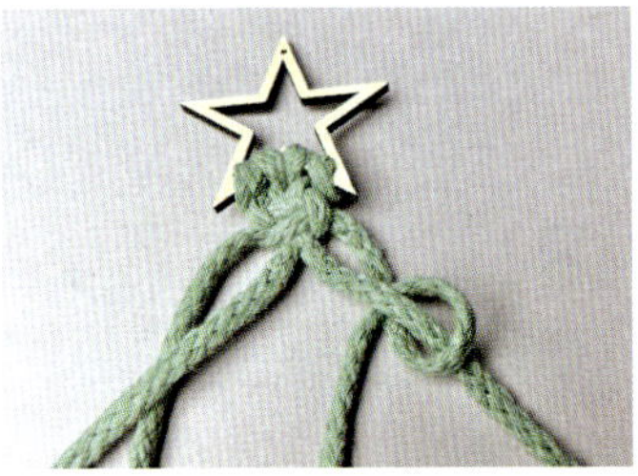

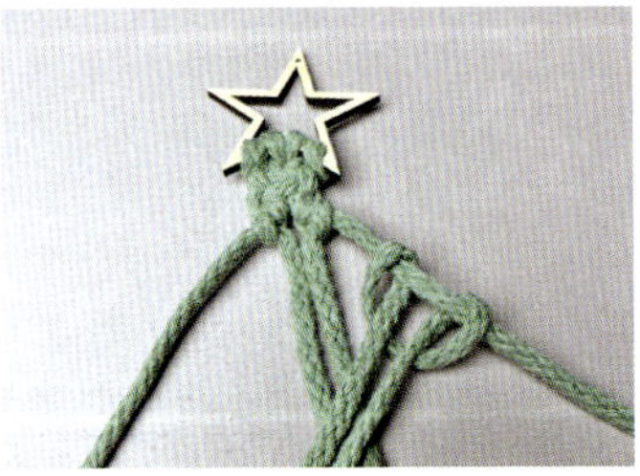

3 Knüpfen Sie anschließend vom ersten Faden ausgehend auf jeder Seite weiter. Nehmen Sie den ersten Faden als Leitfaden. Die danebenliegenden dienen als Arbeitsfäden mit welchen Sie wieder Rippenknoten knüpfen.

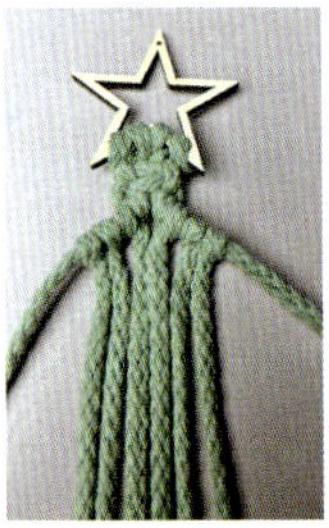

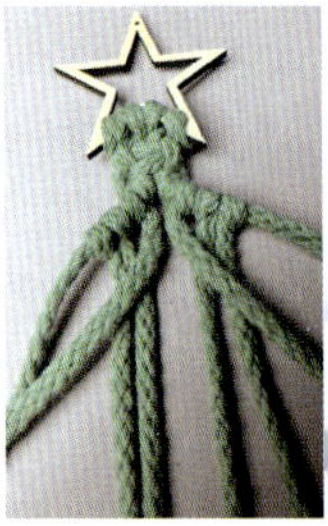

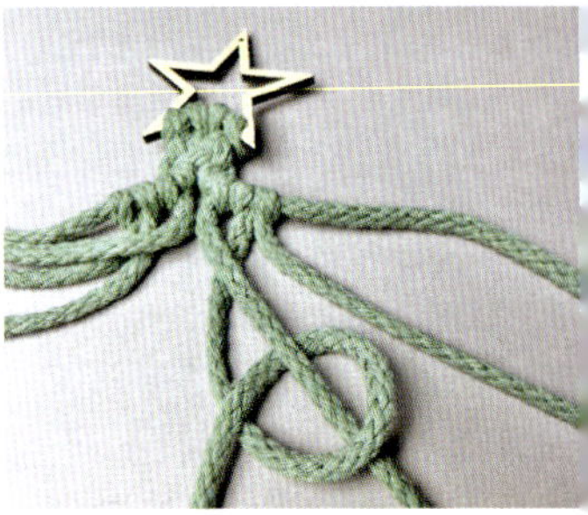

4 Nachdem Sie zwei Reihen geknüpft haben, machen Sie in der Mitte einen Kreuzknoten.

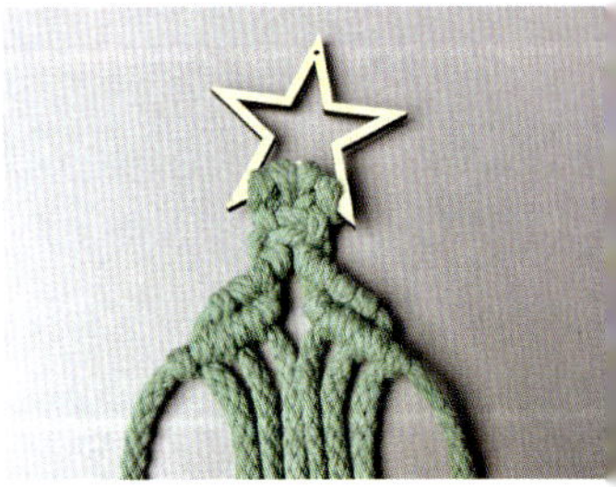

5 Wiederholen Sie die Schritte 2–4. Wichtig: Fügen Sie erst in der zweiten Reihe auf jeder Seite einen der 90 cm langen Fäden hinzu.

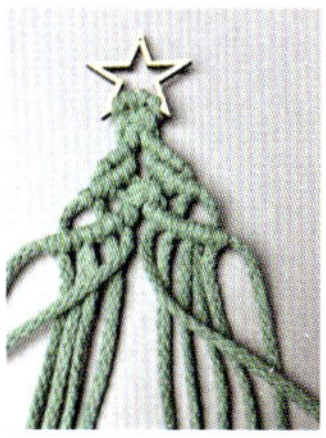

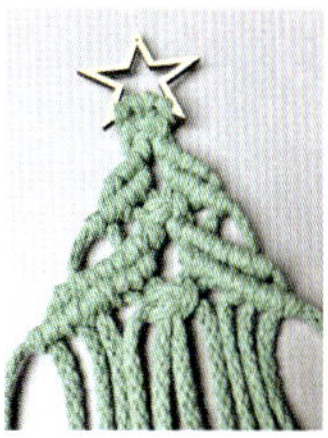

6 Wiederholen Sie nun wieder die Schritte 2–4. Dieses Mal erweitern Sie die Reihe mit dem 70 cm langen Faden und knüpfen zum Abschluss wieder einen Kreuzknoten.

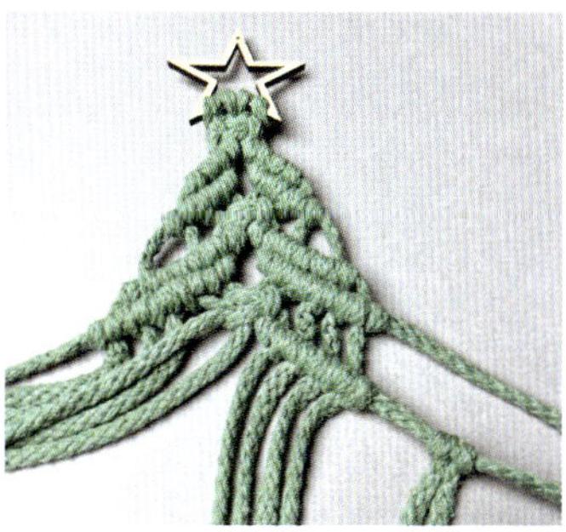

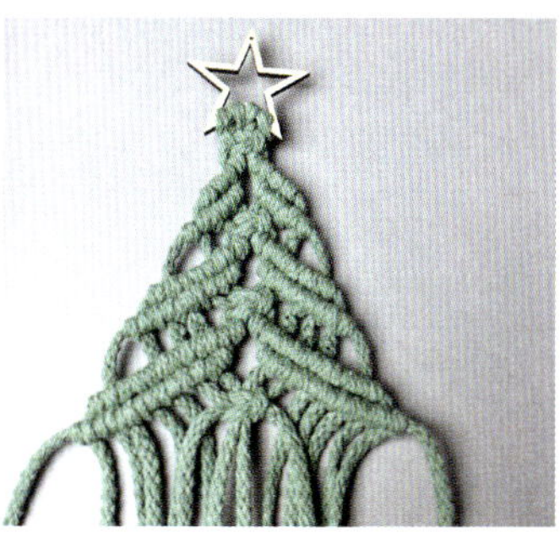

7 Nehmen Sie nun den äußersten Faden als Leitfaden und knoten Sie bis zur Mitte alle Arbeitsfäden mit einem Rippenknoten an den Leitfaden.

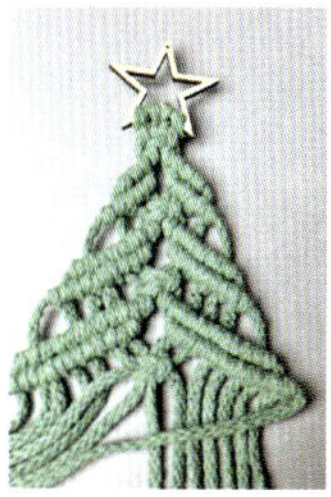

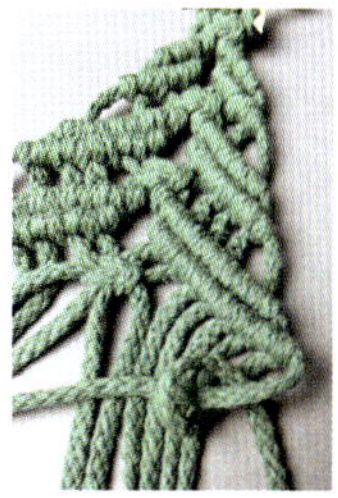

8 Sobald Sie mit dem Arbeitsfaden einen Rippenknoten um den Leitfaden geknüpft haben, fügen Sie den Arbeitsfaden auch zu dem Leitfaden hinzu. Das bedeutet, dass aus einem Leitfaden mehrere Leitfäden werden, bis schließlich alle Arbeitsfäden umwickelt wurden.

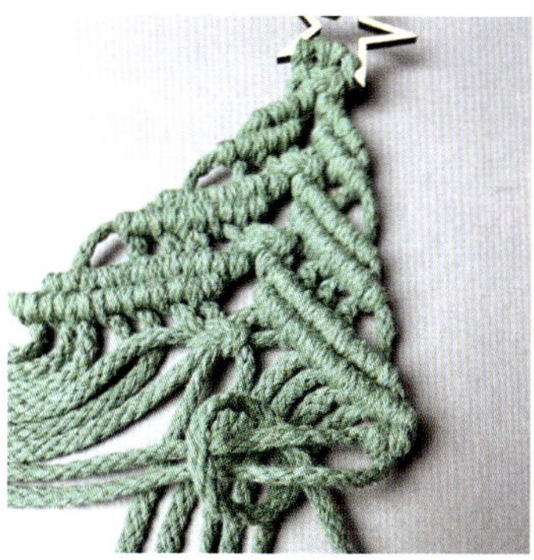

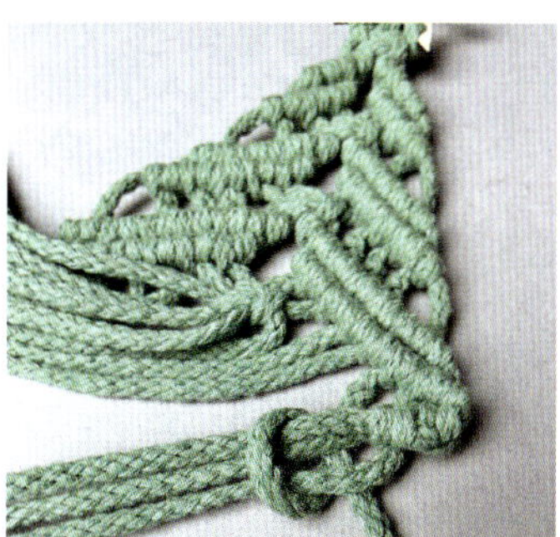

9 Wenn Sie auf jeder Seite bis zur Mitte alle Fäden umwickelt haben, können Sie mit dem äußersten Faden alle Fäden umschließen. Knoten Sie den äußersten Faden zweimal um alle Fäden, damit er fest sitzt.

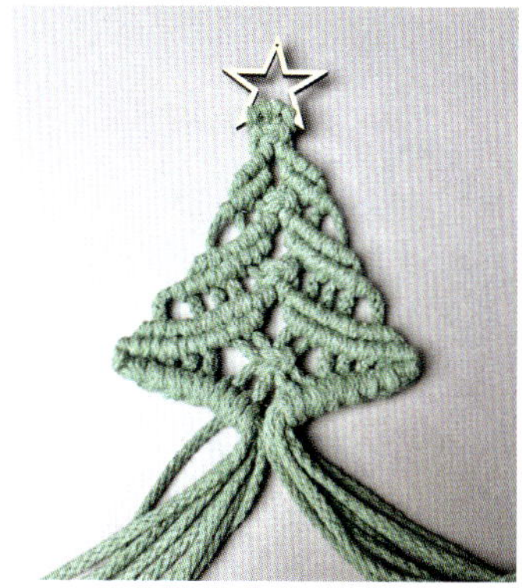

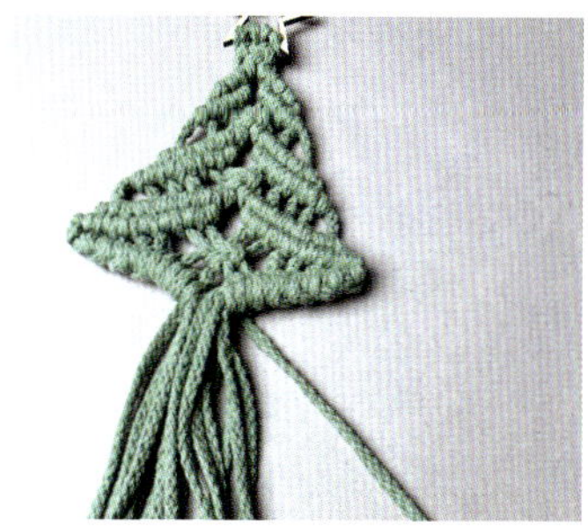

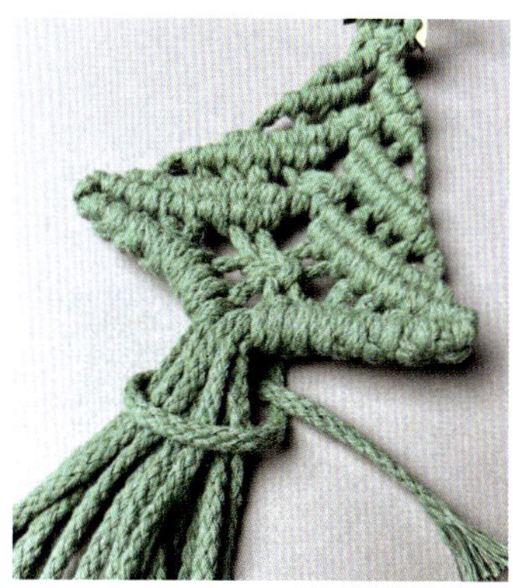

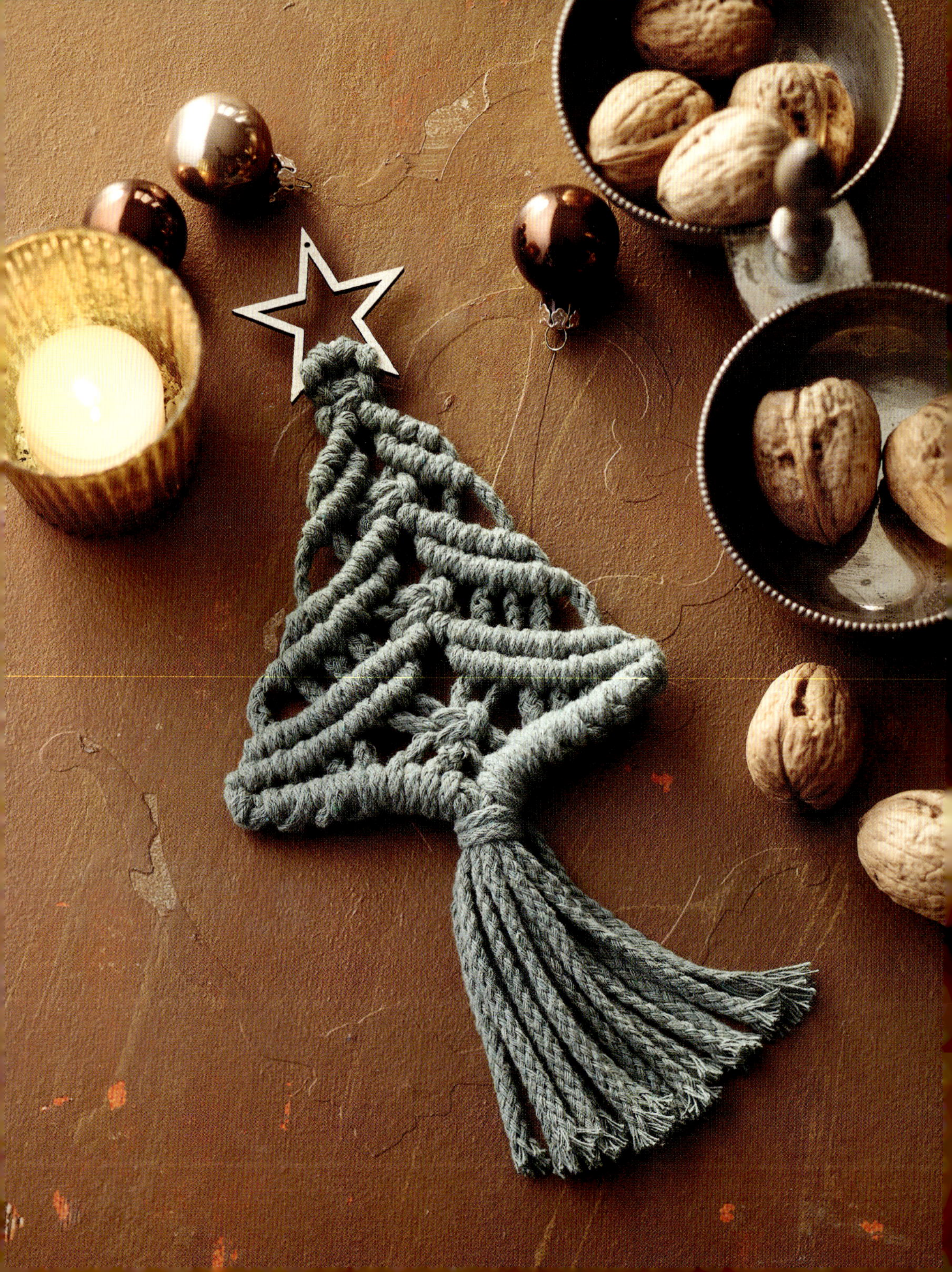

Weihnachtskugeln

MOTIVGRÖSSE

- ø 6 cm, ca. 19 cm lang (KLEINE KUGEL)
- ø 8 cm, ca. 26 cm lang (MITTLERE KUGEL)
- ø 10 cm, ca. 37 cm lang (GROSSE KUGEL)

MATERIAL

KLEINE KUGEL

- Befüllbare Weihnachtskugel, ø 6 cm
- 8 Baumwollfäden in Natur, geflochten, ø 2 mm, 60 cm lang
- 1 Baumwollfaden in Natur, geflochten, ø 2 mm, 60 cm lang

MITTLERE KUGEL

- Befüllbare Weihnachtskugel, ø 8 cm
- 10 Baumwollfäden in Natur, geflochten, ø 2 mm, 1 m lang
- 1 Baumwollfaden in Natur, geflochten, ø 2 mm, 60 cm lang

GROSSE KUGEL

- Befüllbare Weihnachtskugel, ø 10 cm
- 12 Baumwollfäden in Natur, geflochten, ø 2 mm, 1,20 m lang
- 1 Baumwollfaden in Natur, geflochten, ø 2 mm, 60 cm lang

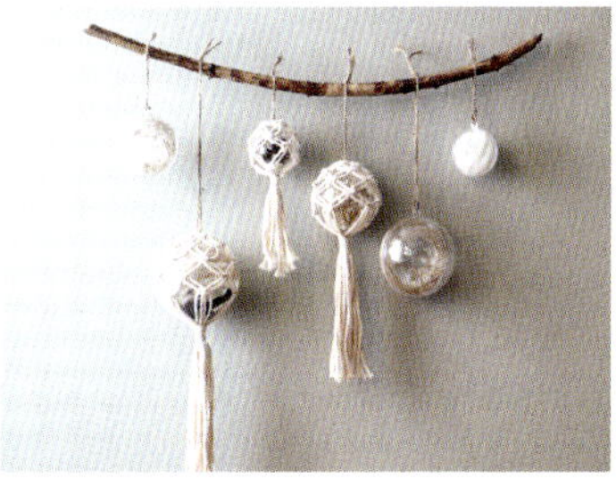

1 Für die mittlere Kugel nehmen Sie einen der zehn Fäden und legen diesen waagrecht hin. Befestigen Sie nun an diesen mittig die restlichen neun Baumwollfäden mit einem Ankerknoten.

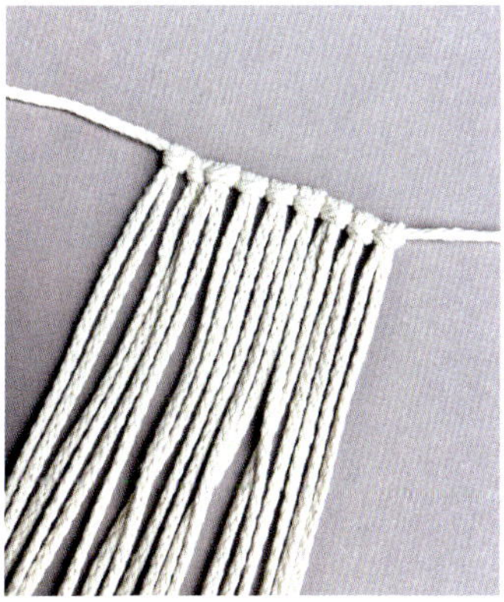

2 Legen Sie nun die Fäden an die Kugel. Knoten Sie die zwei Enden des ersten Fadens fest zusammen.

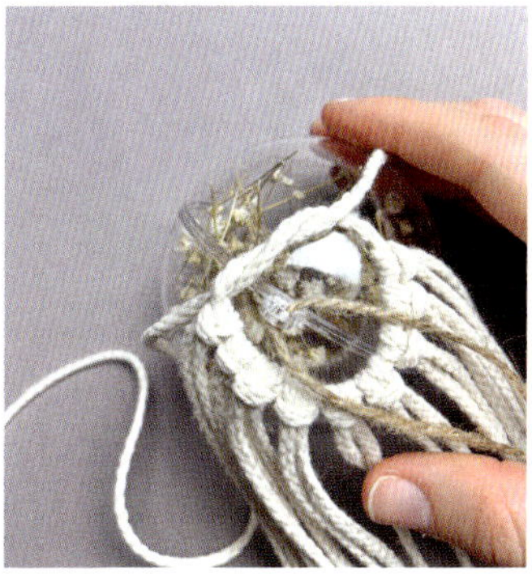

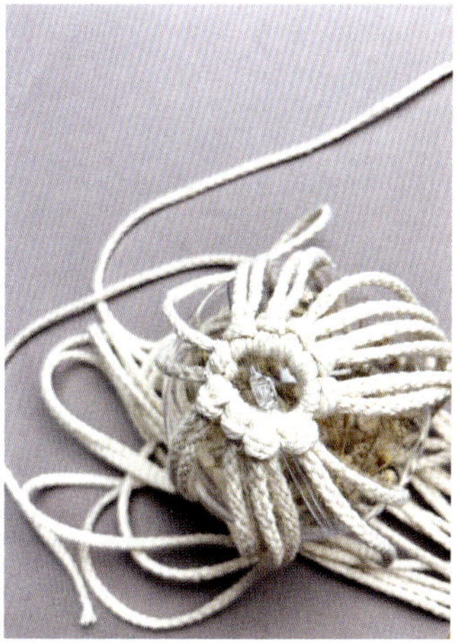

3 Knüpfen Sie nun mit jeweils vier Arbeitsfäden einen Kreuzknoten. Am Ende sollten Sie fünf Kreuzknoten geknüpft haben.

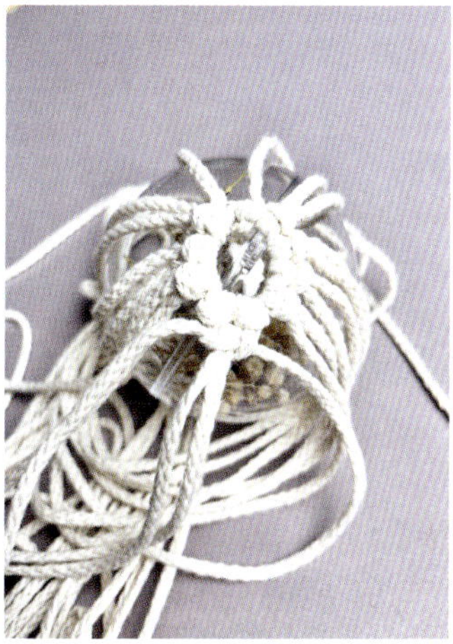

4 Sie wiederholen nun Schritt 3, jedoch versetzt. Das bedeutet, dass Sie zwei Arbeitsfäden von jeweils den vorherigen zwei Kreuzknoten nehmen und daraus einen neuen Kreuzknoten knüpfen. Der Abstand zu den vorherigen zwei Kreuzknoten sollte ca. 1 cm groß sein.

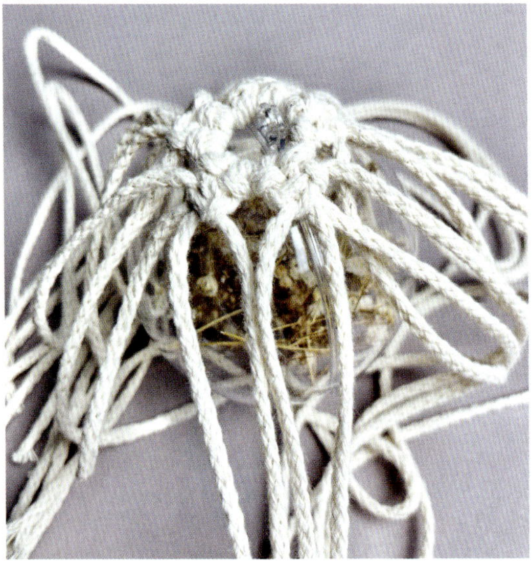

5 Führen Sie Schritt 3 und 4 fort, bis Sie unten am Ende der Kugel angelangt sind.

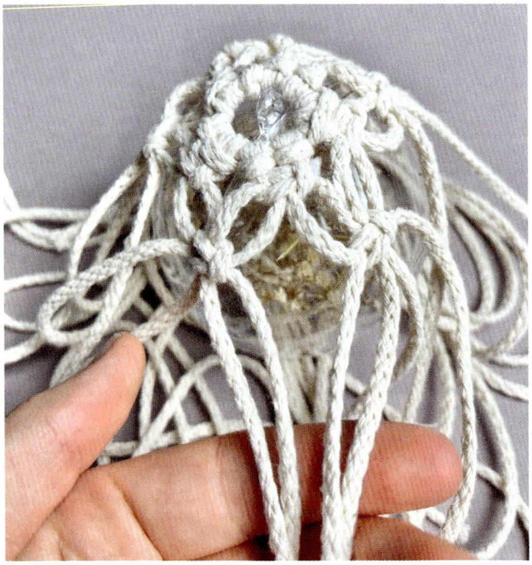

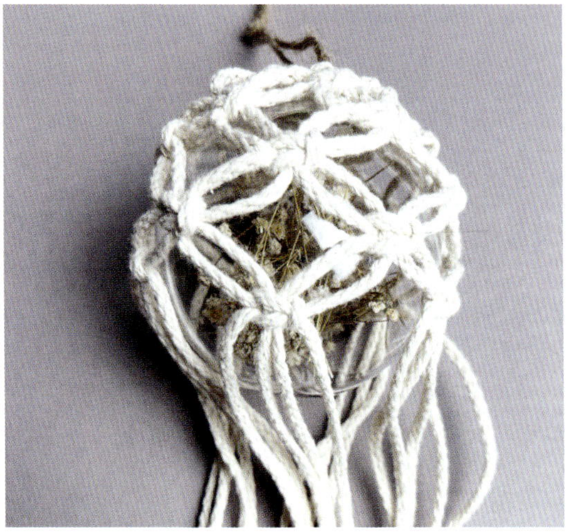

6 Nehmen Sie nun den 60 cm langen Faden zur Hand und knüpfen Sie damit einen Wickelknoten, um alle Fäden miteinander zu verbinden. Für die anderen Kugeln gehen Sie genauso vor und passen die Fadenanzahl entsprechend an.

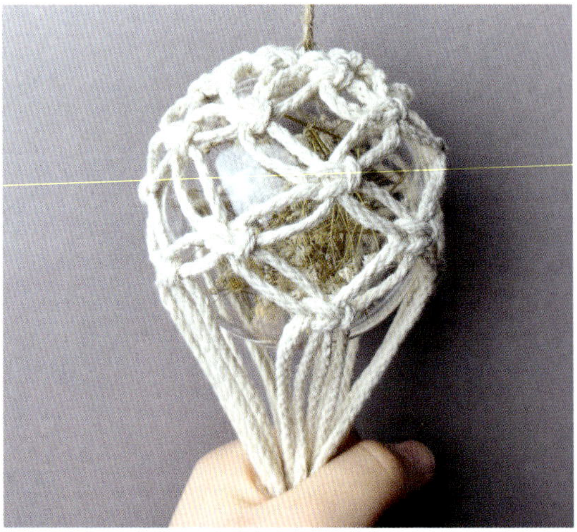

Mein Tipp für Sie

Das Knüpfen ist einfacher, wenn die Kugel beim Knüpfen bereits hängt. Die Kugeln können Sie mit etwas Trockenblumen befüllen.

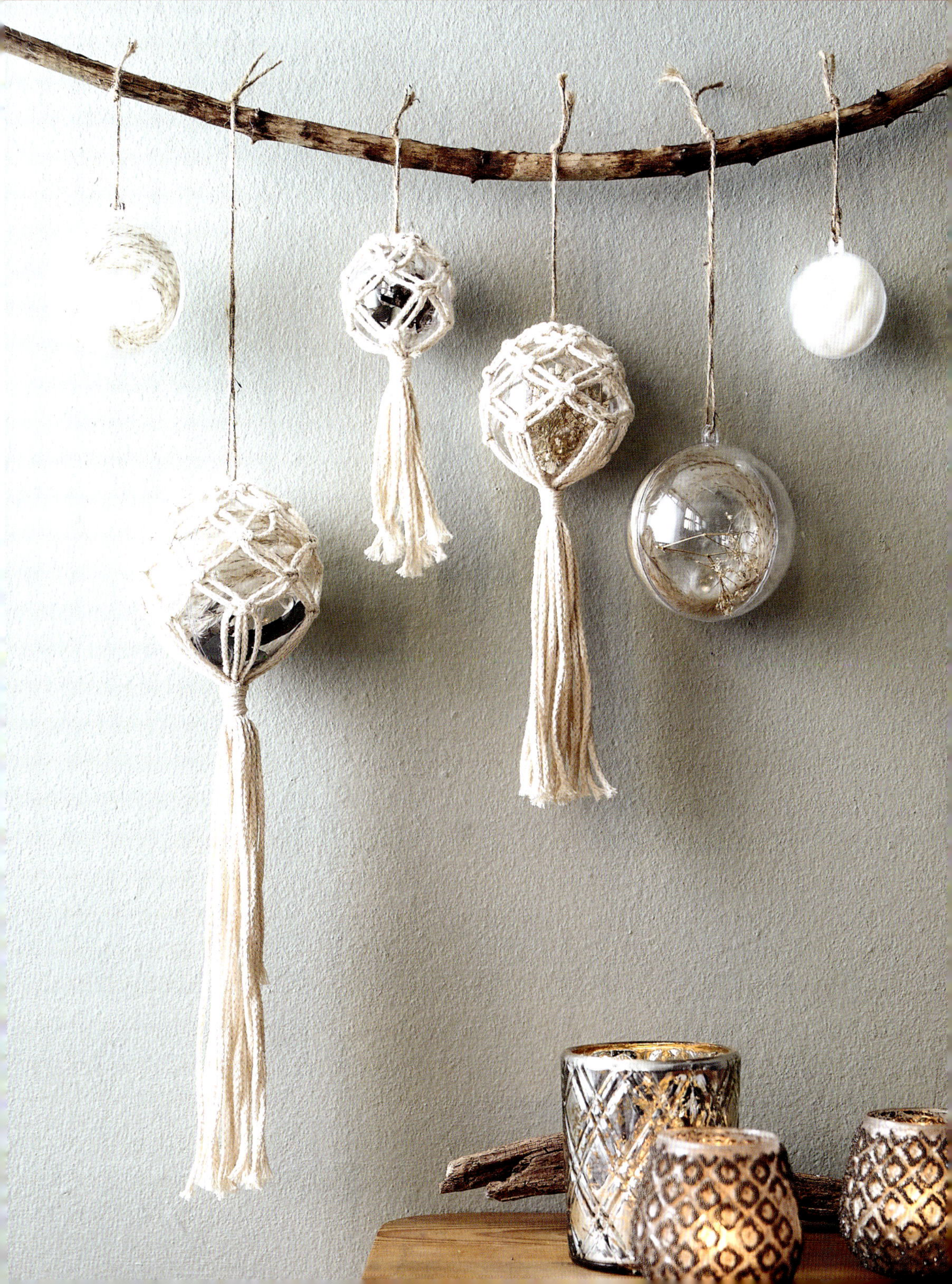

Nikolaus

MOTIVGRÖSSE
ca. 15 cm x 7 cm

MATERIAL
- 8 Baumwollfäden in Natur, gezwirnt, ø 4 mm, 20 cm lang
- 14 Baumwollfäden in Grün oder Honiggelb, geflochten, ø 4 mm, 25 cm lang
- Holzring, ø 5 cm
- Holzkugel, ø 15 mm
- Papierrolle
- Heißkleber
- Kamm

1 Befestigen Sie die acht naturfarbenen Fäden mit einem Ankerknoten an dem Holzring.

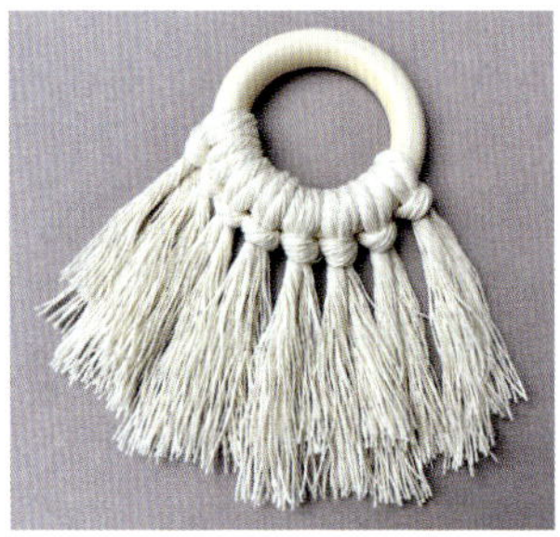

2 Nachdem Sie die Fäden befestigt haben, kämmen Sie diese auf und schneiden die spitz nach unten führend zu. Daraufhin kleben Sie die Holzkugel mittig auf den Holzring.

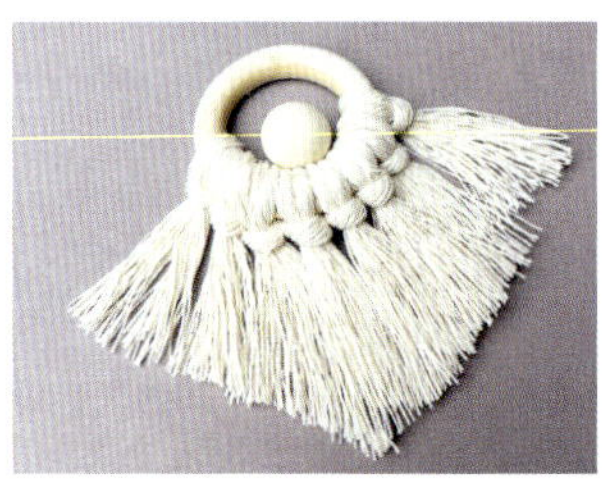

3 Schneiden Sie eine Papierrolle zu. Die Breite des Pappringes sollte ungefähr 1 cm betragen. Befestigen Sie nun die farbigen Fäden mit einem Ankerknoten an der Pappe.

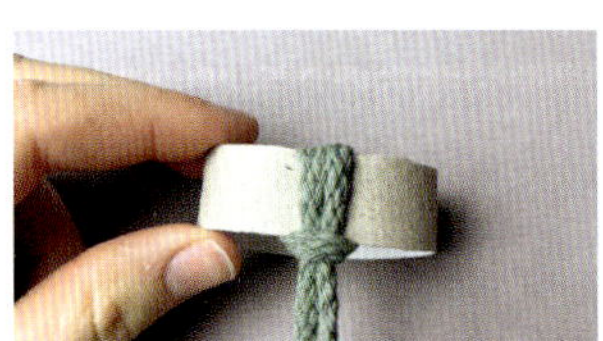

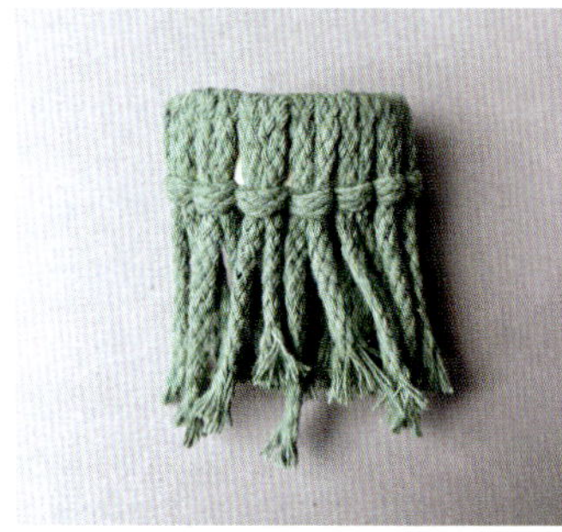

4 Sobald Sie alle Fäden befestigt haben und die Pappe unten nicht mehr zu sehen ist, können Sie die Fäden mittig mit einem Faden zusammenbinden. Falls Sie den Nikolaus später aufhängen möchten, können Sie hier auch einen längeren Faden verwenden.

5 Abschließend tragen Sie auf die inneren Seiten der Mütze Klebstoff auf und ziehen sie über den Holzring. Die Mütze einige Sekunden auf den Holzring drücken bis diese fest sitzt.

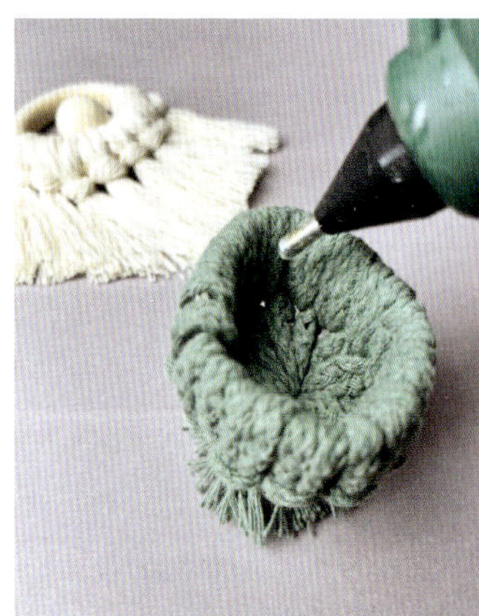

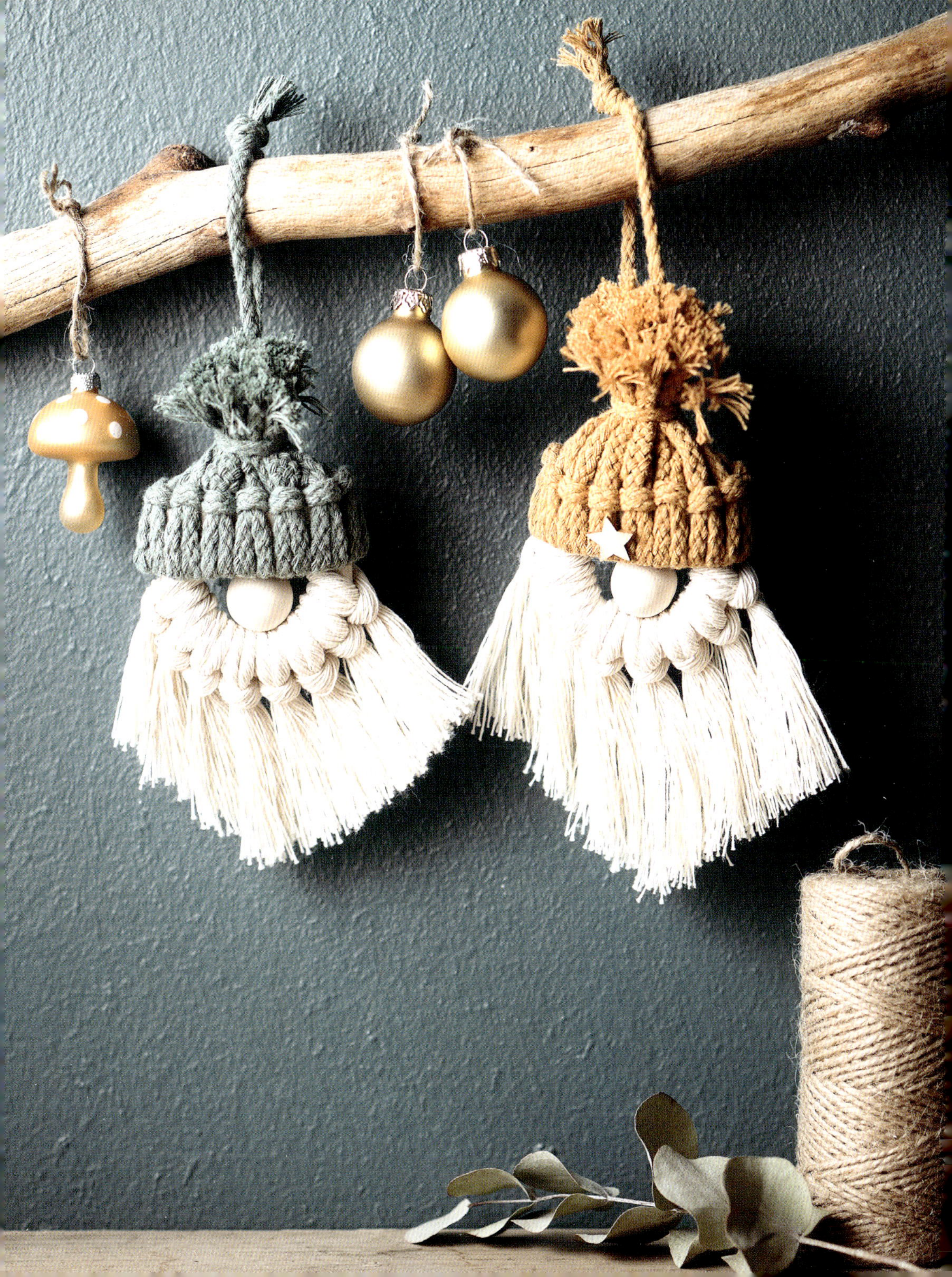

WANDKRANZ

MOTIVGRÖSSE
ca. 70 cm x 25 cm

MATERIAL

- 20 Baumwollfäden in Natur, geflochten, ø 4 mm, 1,80 m lang
- Metallring, ø 25 cm
- Metallring für Trockenblumen, ø 20 cm
- Trockenblumen und Tannenzapfen (optional)
- Draht für Trockenblumen (optional)
- Heißklebepistole (optional)
- Acrylspray in Gold (optional)

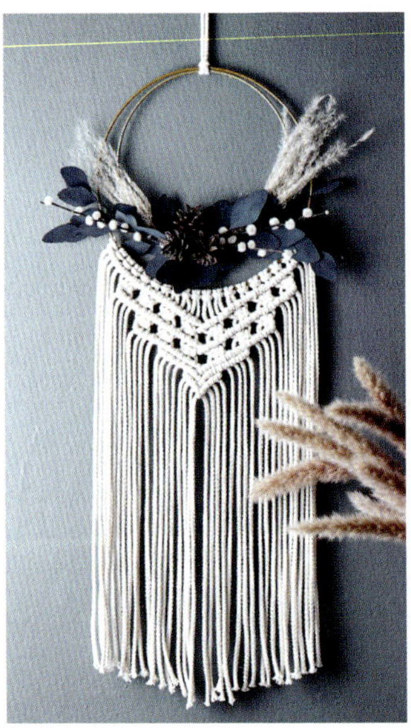

1 Befestigen Sie die zwanzig Fäden mit einem Ankerknoten an dem größeren der beiden Metallringe. Achten Sie dabei auf die Länge der Fäden, diese sollten gleich lang sein.

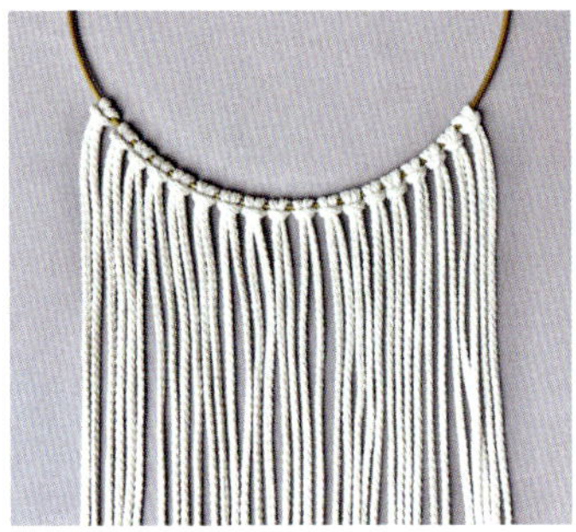

2 Beginnen Sie nun mit dem äußersten Faden. Diesen nehmen Sie als Leitfaden, die anderen Fäden dienen als Arbeitsfäden. Knüpfen Sie nun mit den danebenliegenden Arbeitsfäden jeweils einen Rippenknoten (doppelten halben Schlag) bis Sie in der Mitte aller Fäden angelangt sind. Das bedeutet, dass Sie am zehnten Faden aufhören sollten.

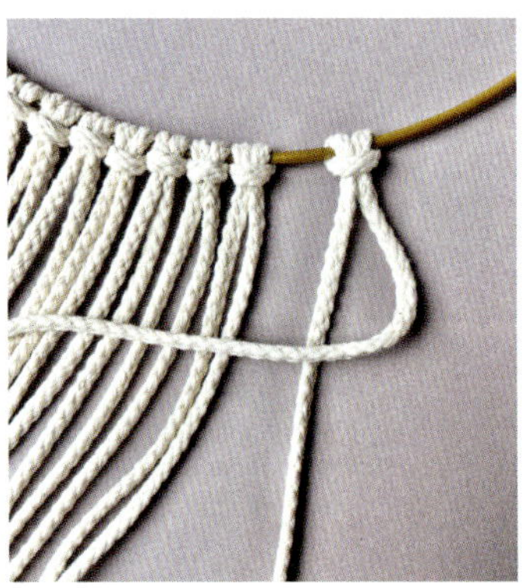

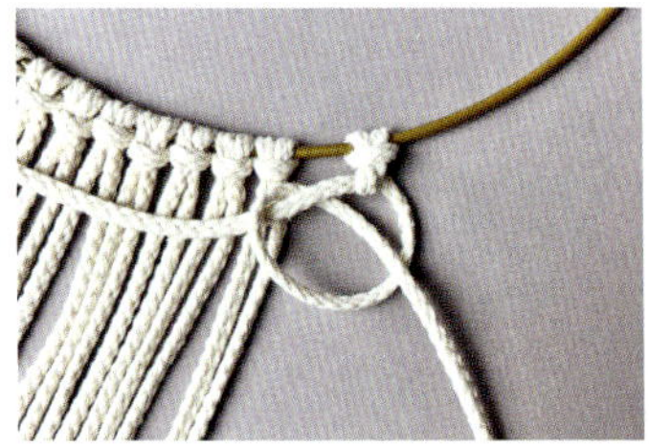

3 Wiederholen Sie nun Schritt 2 für die linke Seite und knüpfen Sie wieder ein Rippenmuster bis zur Mitte. Die zwei Leitfäden bzw. Muster sollten sich in der Mitte treffen. Kurz bevor Sie in der Mitte angelagen, können Sie bei zwei bis drei Fäden (auf jeder Seite) etwas Abstand zum Metallring lassen. So entsteht ein spitzes Muster.

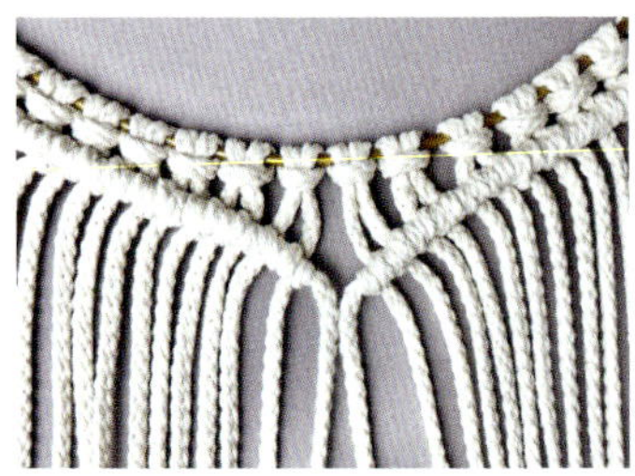

4 Verbinden Sie nun die zwei Leitfäden miteinander, indem Sie den einen als Leitfaden und den anderen als Arbeitsfaden verwenden.

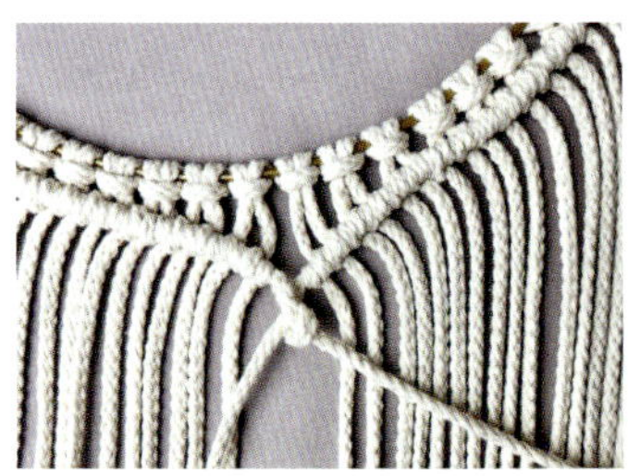

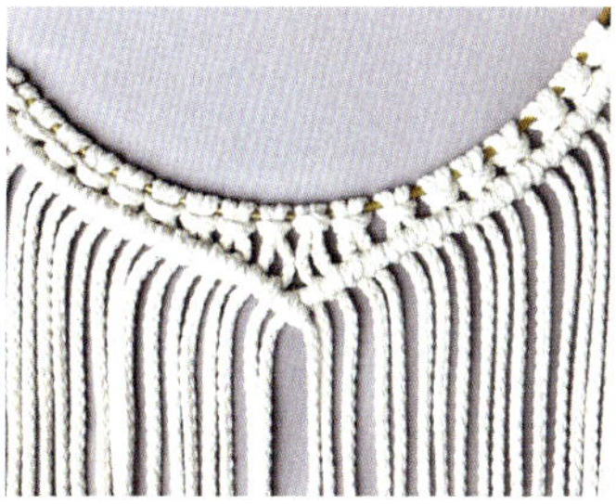

5 Schieben Sie die ersten vier Fäden auf jeder Seite weg, denn mit diesen wird ab jetzt nicht mehr weitergearbeitet.

6 Vom fünften Faden beginnend knüpfen Sie nun einen Kreuzknoten mit jeweils vier Arbeitsfäden, bis Sie alle Fäden geknüpft haben.

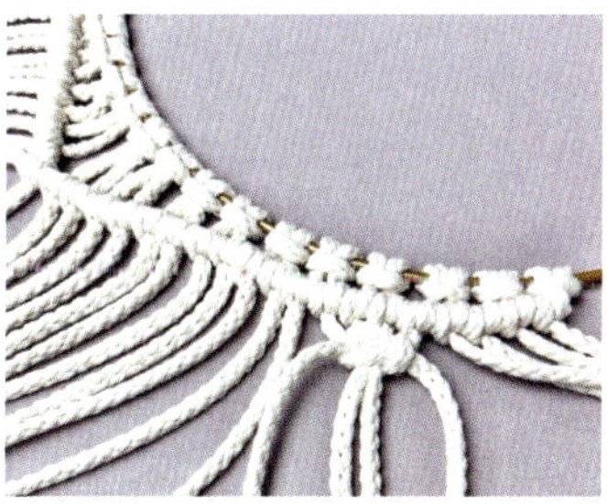

7 Wiederholen Sie Schritt 2–4. Verwenden Sie wieder auf jeder Seite den äußersten Faden als Leitfaden und knüpfen Sie mit den restlichen Arbeitsfäden ein Rippenmuster bis zur Mitte. Dann verbinden Sie wieder die Leitfäden miteinander.

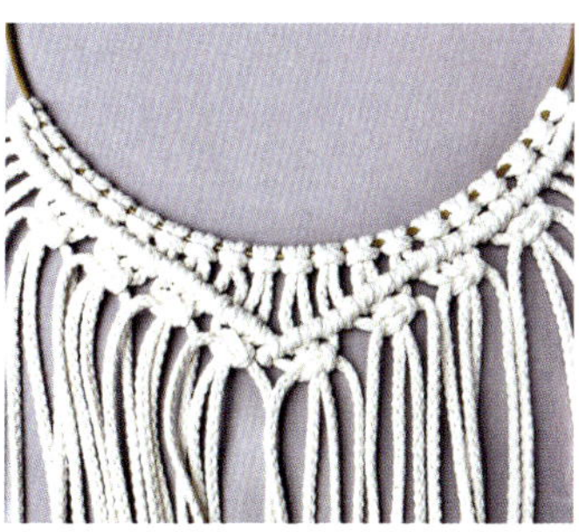

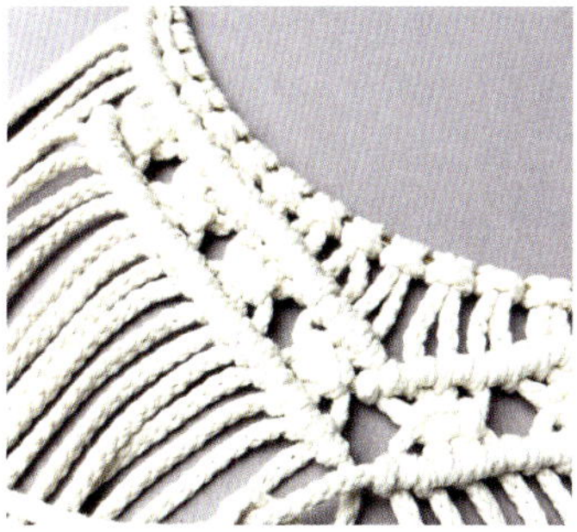

8 Legen Sie wieder vier Fäden auf jeder Seite weg und wiederholen Sie die Schritte 6 und 2–4.

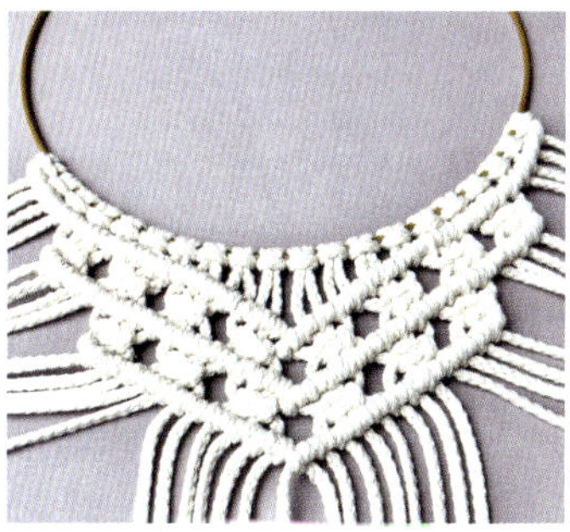

9 Nun werden keine weiteren Kreuzknoten in den Zwischenräumen geknüpft, sondern nur zwei weitere Reihen mit Rippenknoten. Dafür legen Sie wieder vier Fäden auf jeder Seite weg. Sie nehmen die äußersten Fäden auf jeder Seite als Leitfaden und knüpfen bis zur Mitte Rippenknoten.

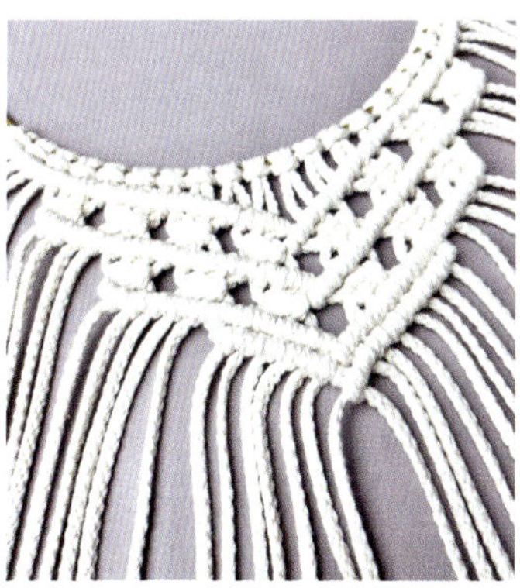

10 Schließlich wiederholen Sie Schritt 9 und beenden den Wandbehang.

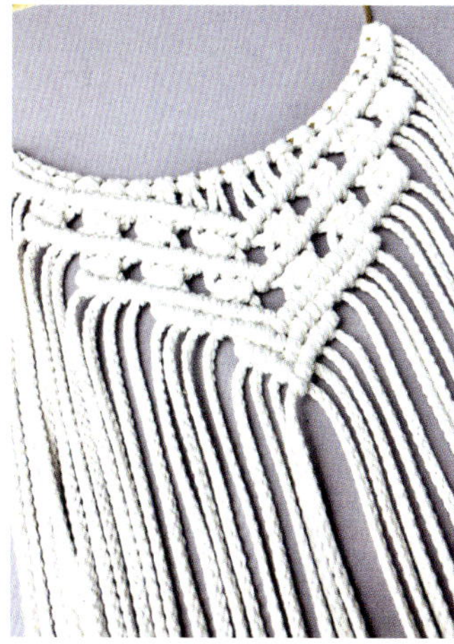

Mein Tipp für Sie

Auf Wunsch kann wie auf dem Foto ein etwas kleinerer Metallring dazu genommen und mit Trockenblumen geschmückt werden. Diese können Sie für etwas mehr Glanz vor dem Anbringen am Ring auch mit goldener Farbe besprühen.

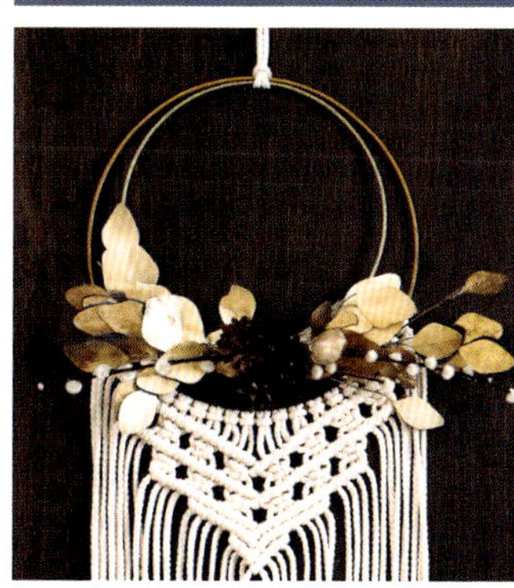

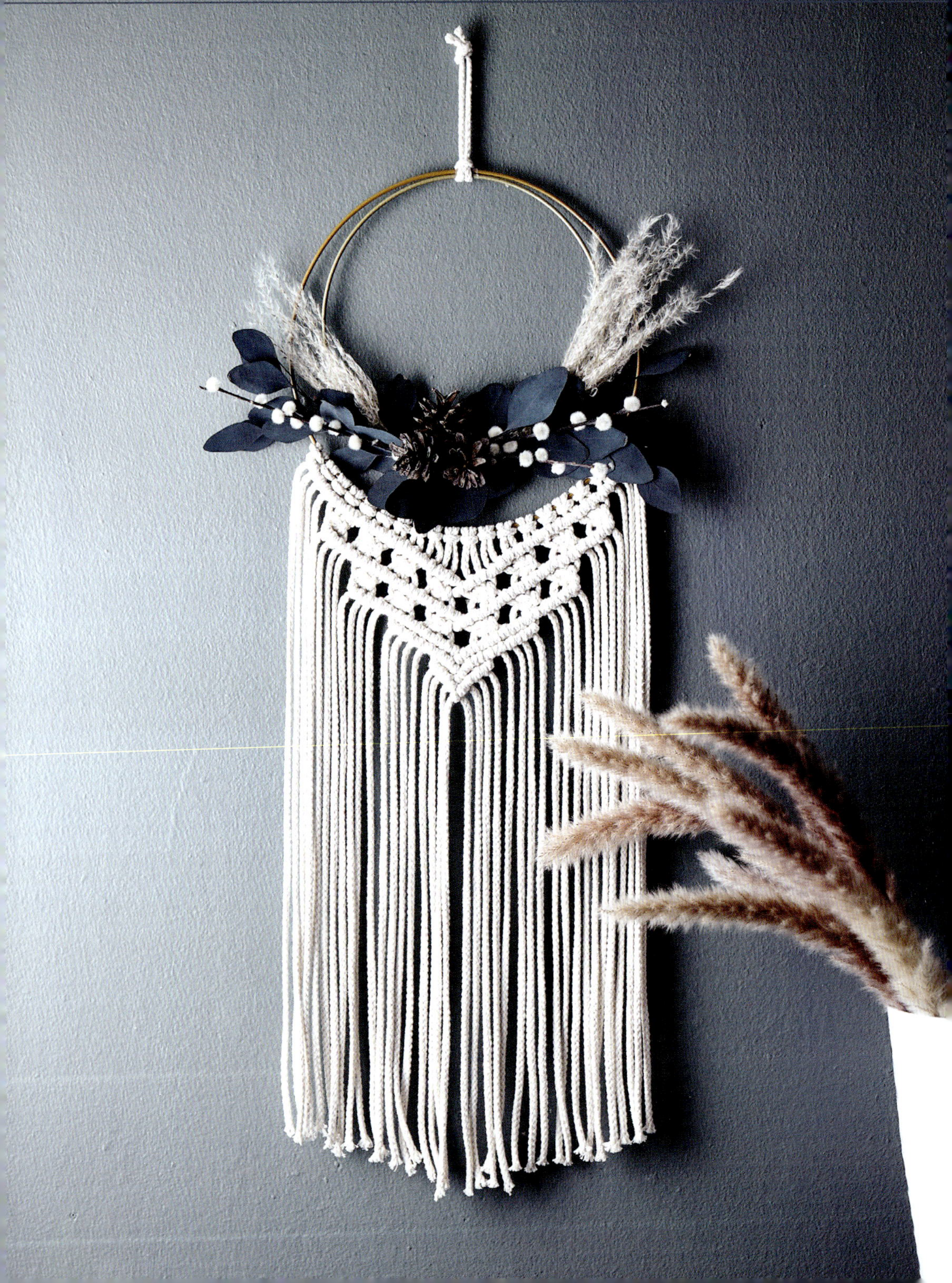

Adventskalender

MOTIVGRÖSSE
ca. 80 cm x 60 cm

MATERIAL

- 2 Baumwollfäden in Honiggelb, geflochten, ø 4 mm, 2,50 m lang
- 1 Baumwollfaden in Natur, geflochten, ø 4 mm, 1,00 m lang
- 2 Baumwollfäden in Grün, geflochten, ø 4 mm, 2,70 m lang
- 1 Baumwollfaden in Natur, geflochten, ø 4 mm, 3,00 m lang
- 30 Baumwollfäden in Natur, geflochten, ø 4 mm, 1,40 m lang
- 18 Holzperlen, ø 15 mm
- Rundholz, ø 20 mm, 60 cm lang

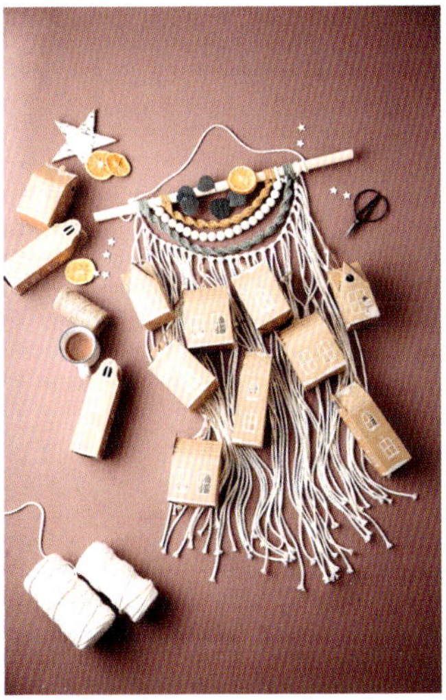

1 Nehmen Sie die zwei 2,5 m langen Fäden und befestigen Sie diese mit einem Ankerknoten am Rundholz. Ganz wichtig: Von den vier Fäden am Rundholz müssen die mittleren zwei Fäden 50 cm lang, die zwei äußeren ca. 2 m lang sein. Knoten Sie nun wiederholt einen Wellenknoten bis von den mittleren Trägerfäden nur noch ca. 15 cm zu sehen sind.

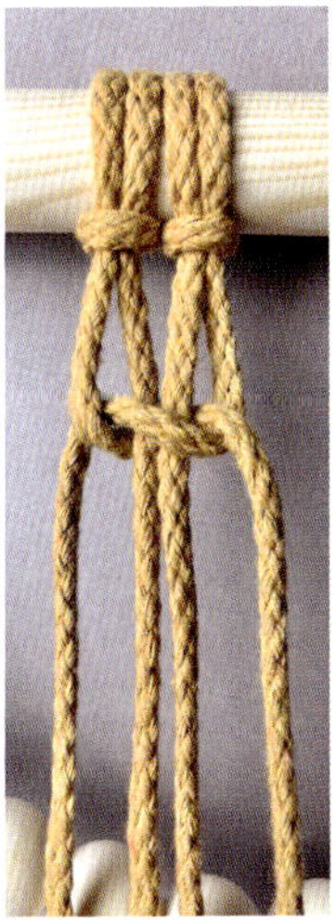

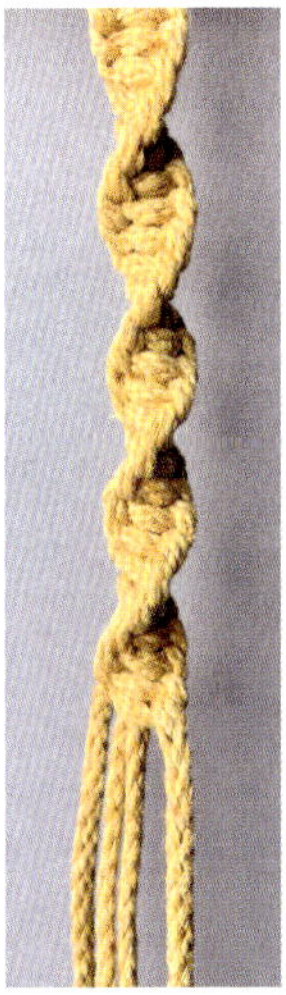

2 Sobald Sie ein langes Wellenmuster geknüpft haben und noch ca. 15 cm von den Trägerfäden zu sehen ist, befestigen Sie die zwei äußeren Arbeitsfäden am Rundholz. Dafür legen Sie den ersten Faden vorne über das Rundholz nach hinten und dann wieder von hinten nach vorne. Ziehen Sie es dann durch die Schlaufe nach unten fest. Wiederholen Sie dies für den rechten Arbeitsfaden. Die mittleren Trägerfäden müssen nicht fixiert werden und können hinten rausschauen, da diese später weiter bearbeitet werden..

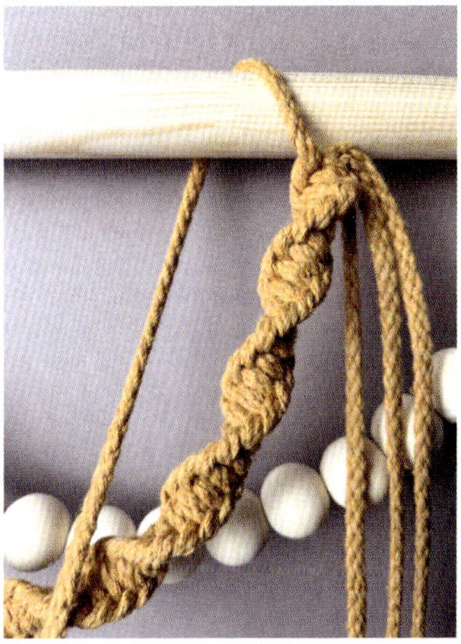

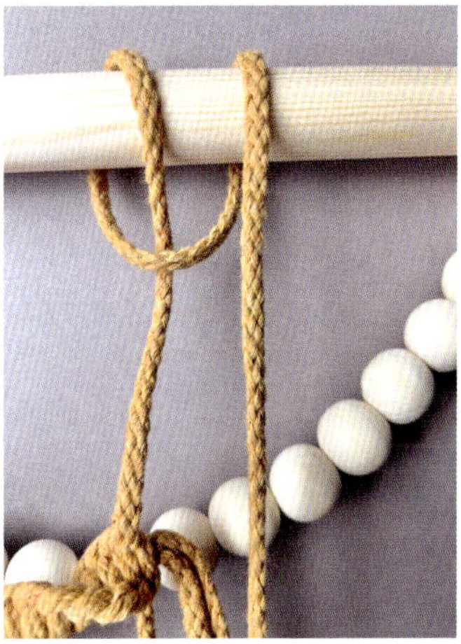

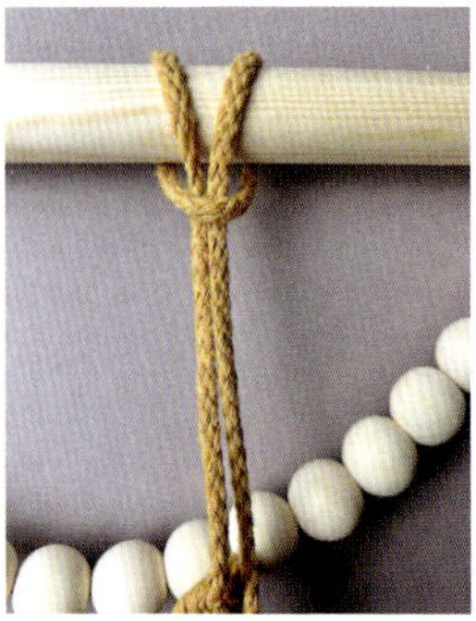

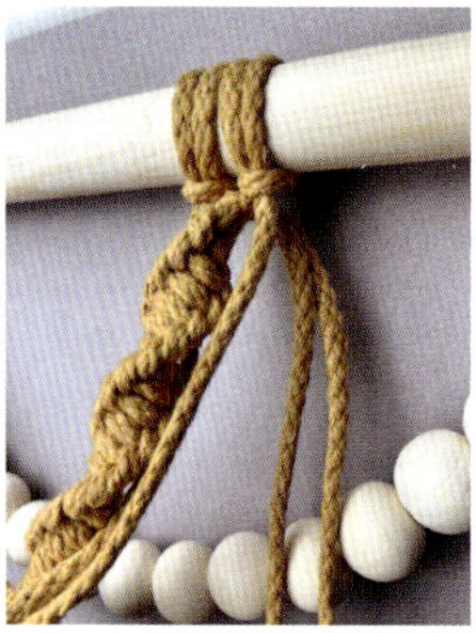

3 Nehmen Sie nun den 1 m langen Faden zur Hand. Legen Sie ihn über das Rundholz, sodass ein kurzes Ende des Fadens hinten ist. Knoten Sie nun das kurze Ende an den eigenen Faden, dies können Sie entweder mit einem Rippenknoten oder einem normalen Knoten tun.

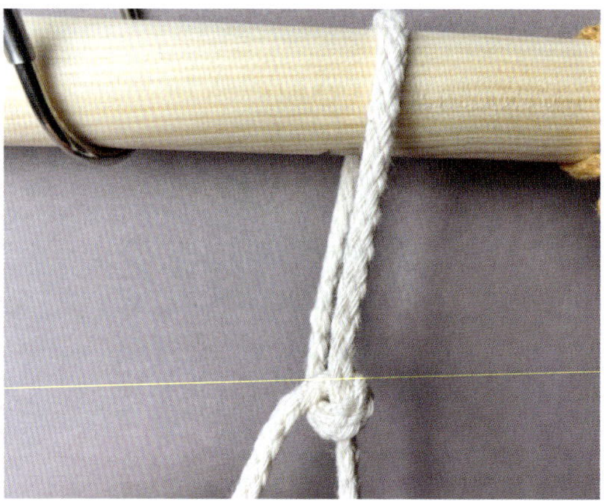

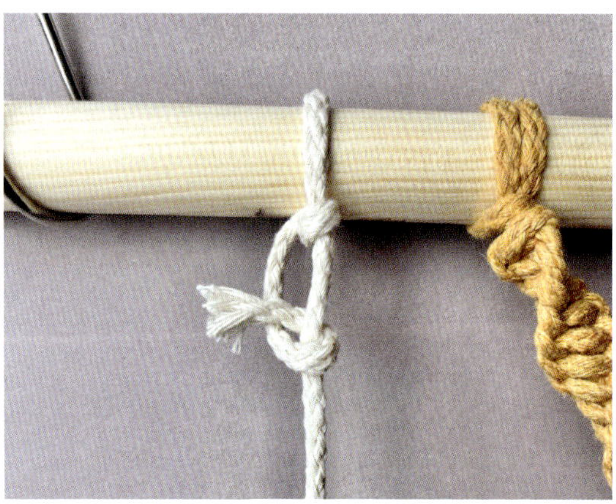

4 Führen Sie nun die Holzperlen durch den Faden.

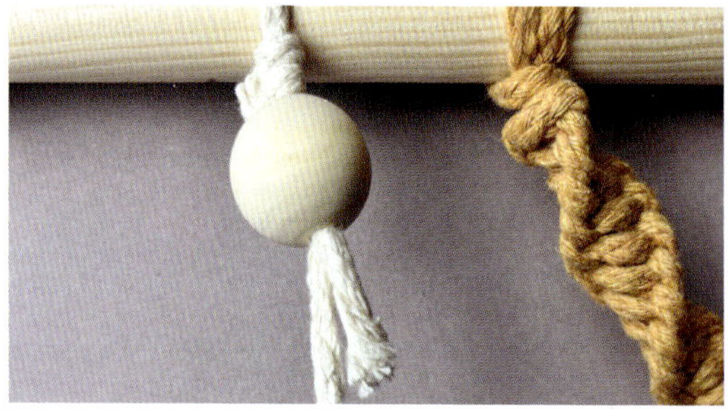

5 Nachdem Sie alle Holzperlen am Faden angebracht haben, legen Sie das Ende des Fadens hinter das Rundholz. Führen Sie das Ende zweimal durch den Zwischenraum, bis der Faden am Rundholz befestigt ist.

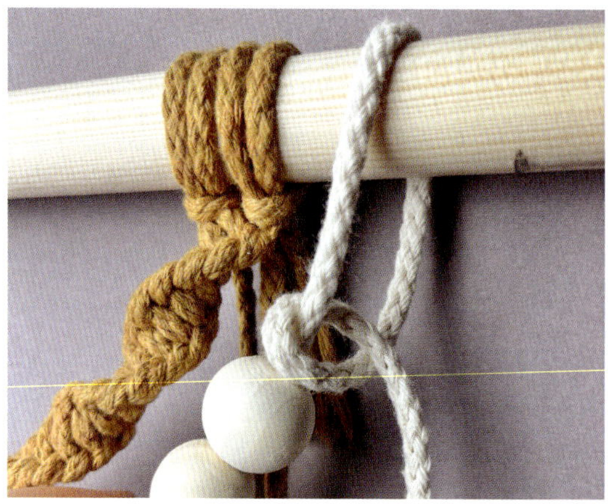

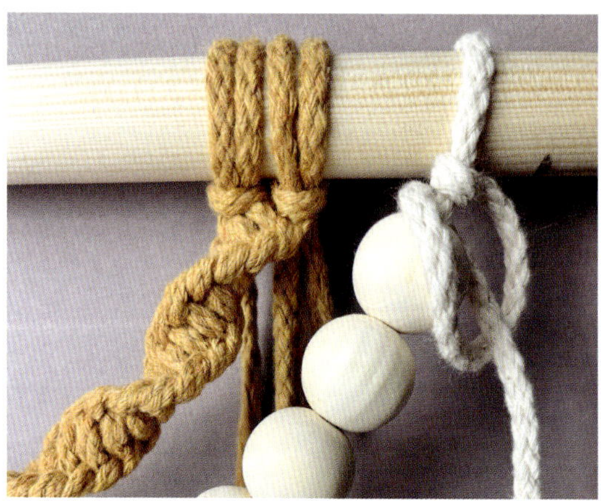

6 Wiederholen Sie Schritt 1–2 für die zwei 2,70 m langen Baumwollfäden.

7 Nehmen Sie nun den 3 m langen Faden und knüpfen Sie einen Ankerknoten an das Rundholz. Wichtig: Das linke Ende des Fadens sollte ca. 50 cm lang sein. Befestigen Sie das andere Ende des Fadens auf der anderen Seite des Rundholzes wie in Schritt 2.

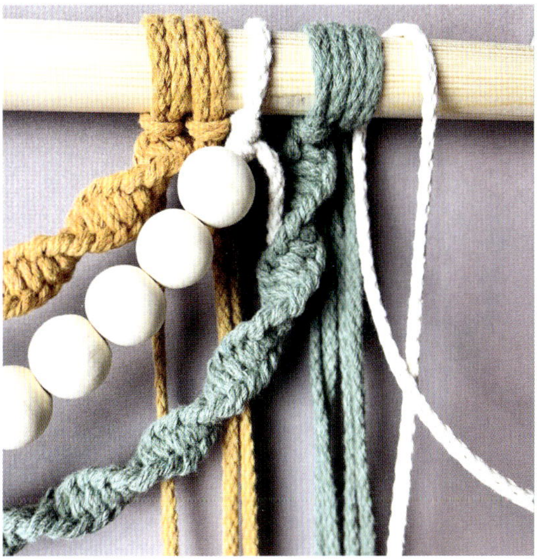

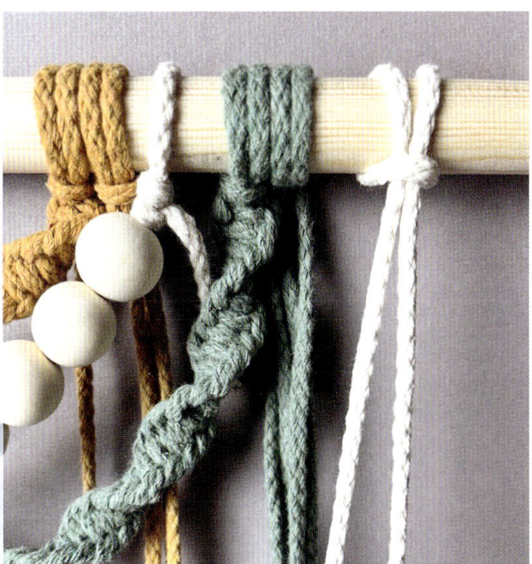

8 Wenden Sie nun das Rundholz. Machen Sie bei jedem Faden einen festen Knoten und schneiden Sie den Rest des Fadens ab, sodass diese von vorne nicht mehr sichtbar sind. Wichtig: Der äußerste naturfarbene Faden bleibt so wie er ist!

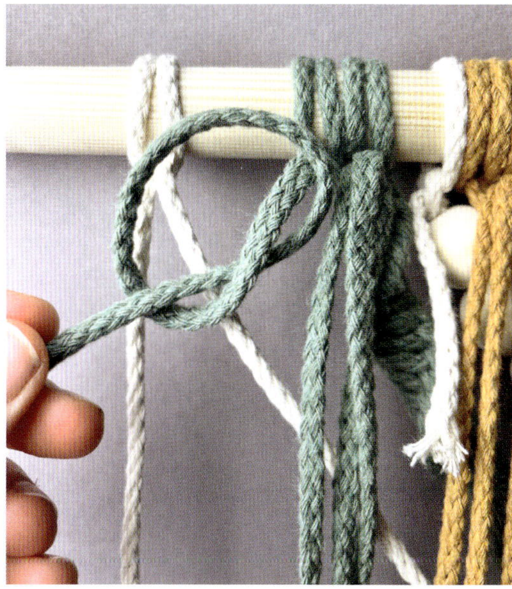

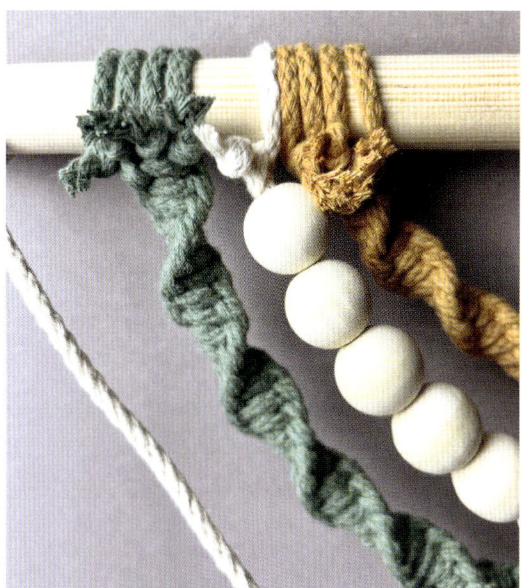

9 Befestigen Sie nun die 30 1,40 m langen Fäden an dem untersten Faden mit einem Ankerknoten.

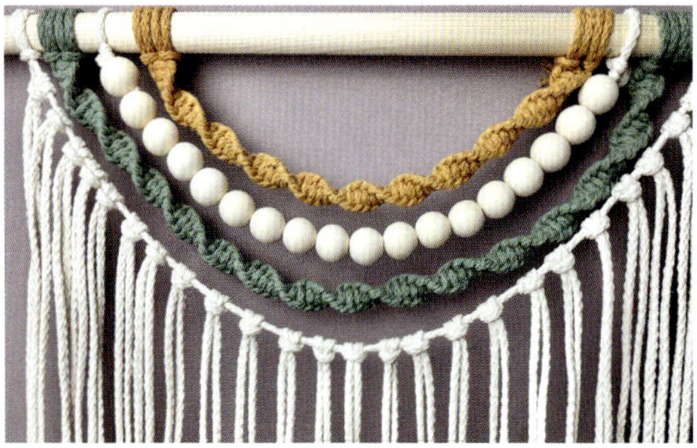

10 Sobald Sie alle Fäden befestigt haben, können Sie die unterste Reihe fixieren, indem Sie den äußersten Faden um den Trägerfaden mit einem Rippenknoten befestigen.

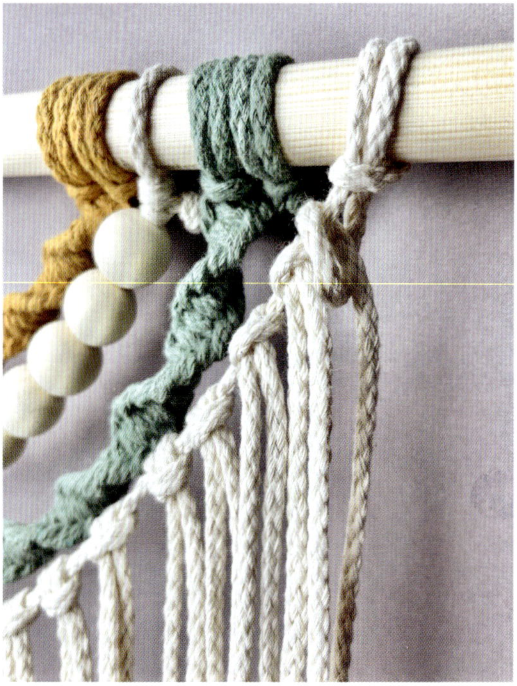

11 Nun können Sie kleine Päckchen mit einer Schnur an Ihrem Makramee-Adventskalender befestigen.

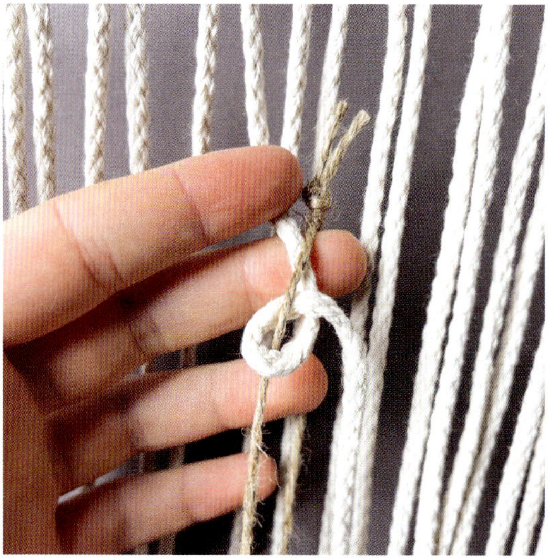

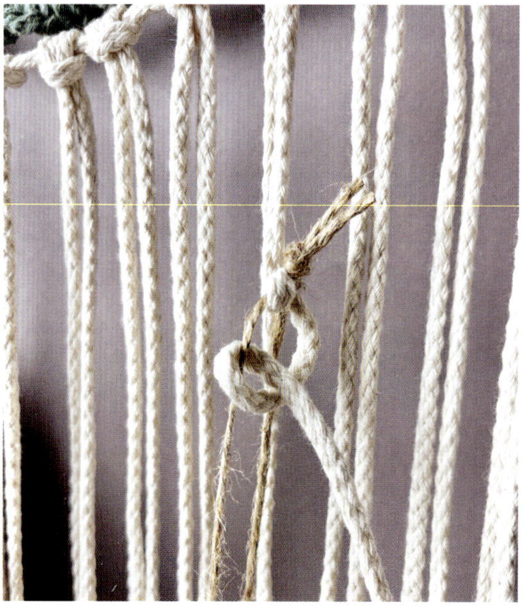

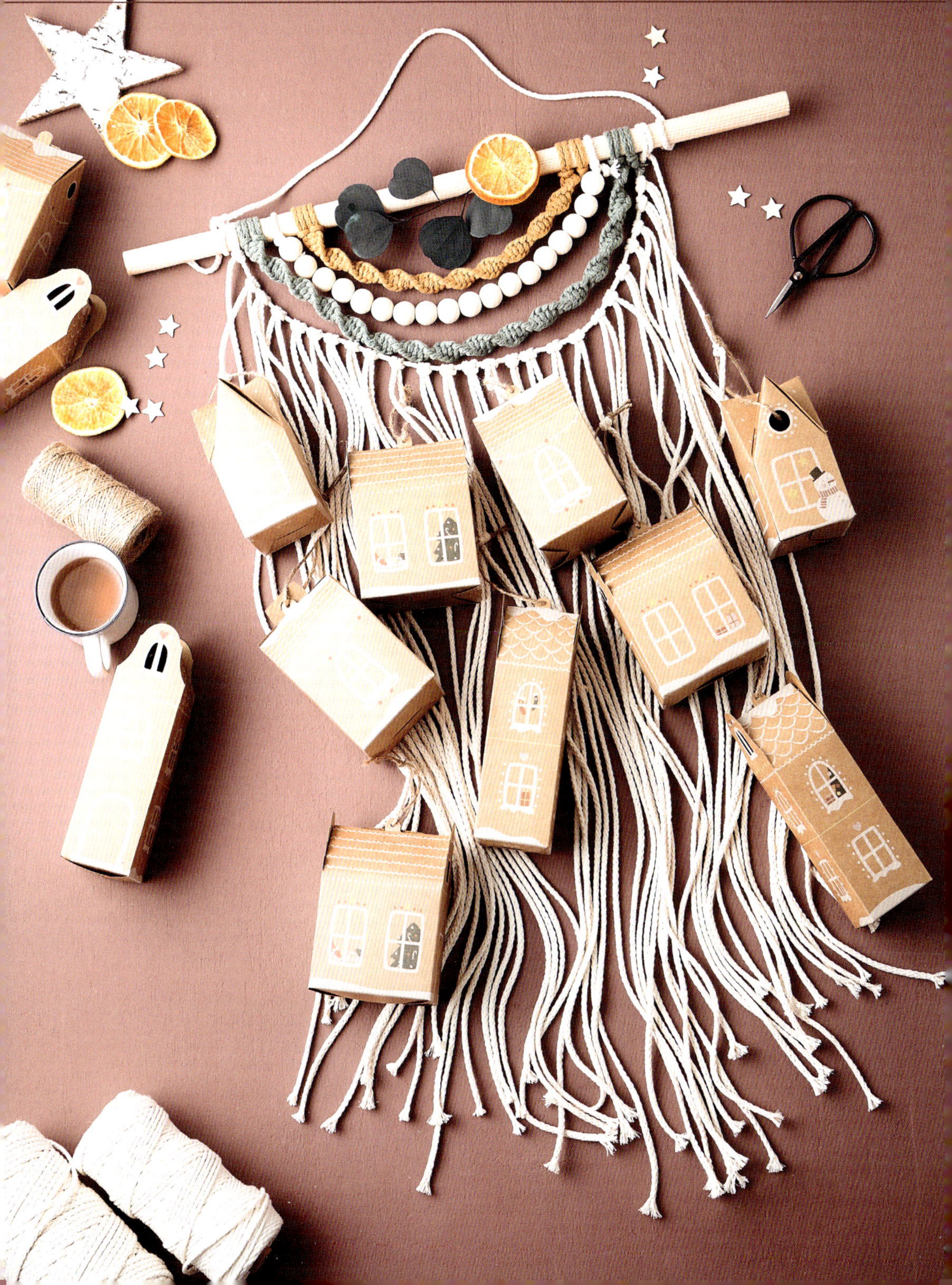

KLEINER KRANZ

MOTIVGRÖSSE
ca. 11 cm x 11 cm

MATERIAL

- Metallring, ø 10 cm
- Baumwollfaden in Natur, geflochten, ø 4 mm, 3,50 m lang
- Deko-Holzsterne (optional)
- Trockenblumen (optional)

1 Legen Sie den Metallring auf die Mitte des Fadens.

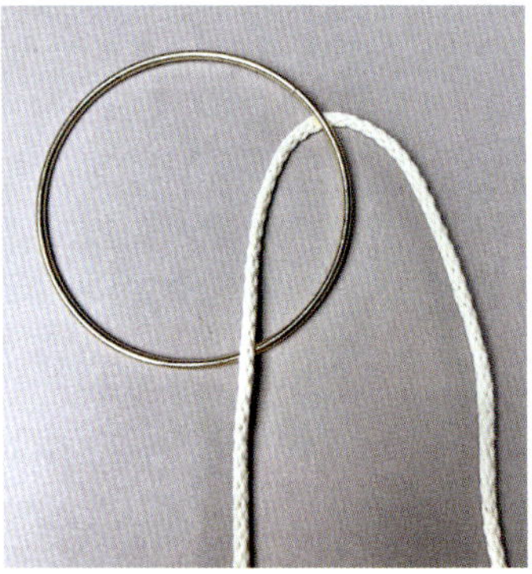

2 Knoten Sie mit den beiden Enden des Fadens einen Wellenknoten. Sobald Sie mehrere Wellenknoten untereinander knüpfen, entsteht automatisch ein Wellenmuster.

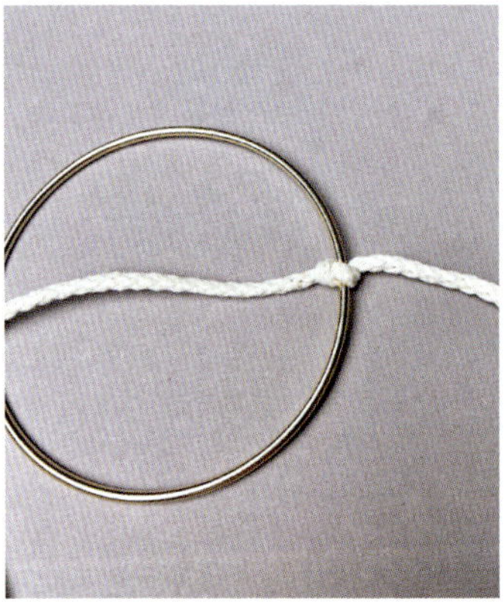

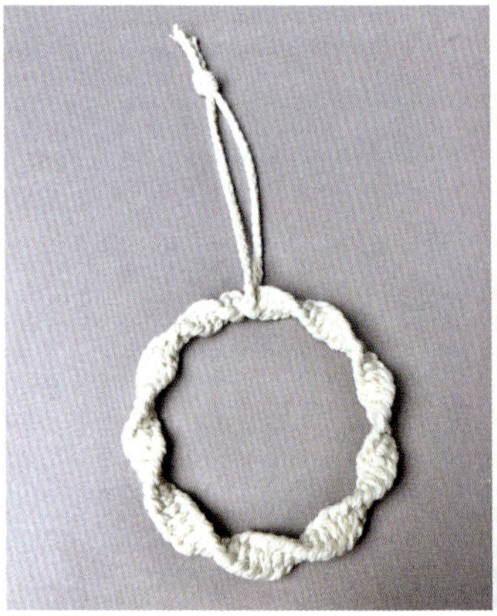

3 Knoten Sie solange, bis der Metallring ganz abgedeckt ist. Wenn Sie am Anfang angekommen sind, legen Sie die langen Enden des Fadens nach oben und machen oben einen Knoten.

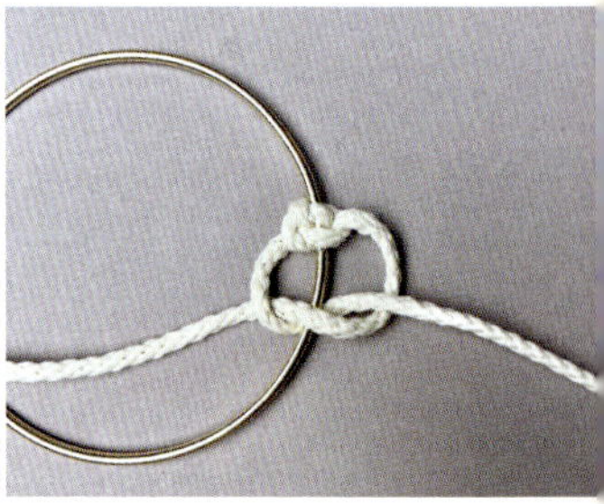

Mein Tipp für Sie

Wenn Sie wünschen, können Sie Ihren Kranz zum Schluss noch mit kleinen Holzsternen oder Trockenblumen bekleben.

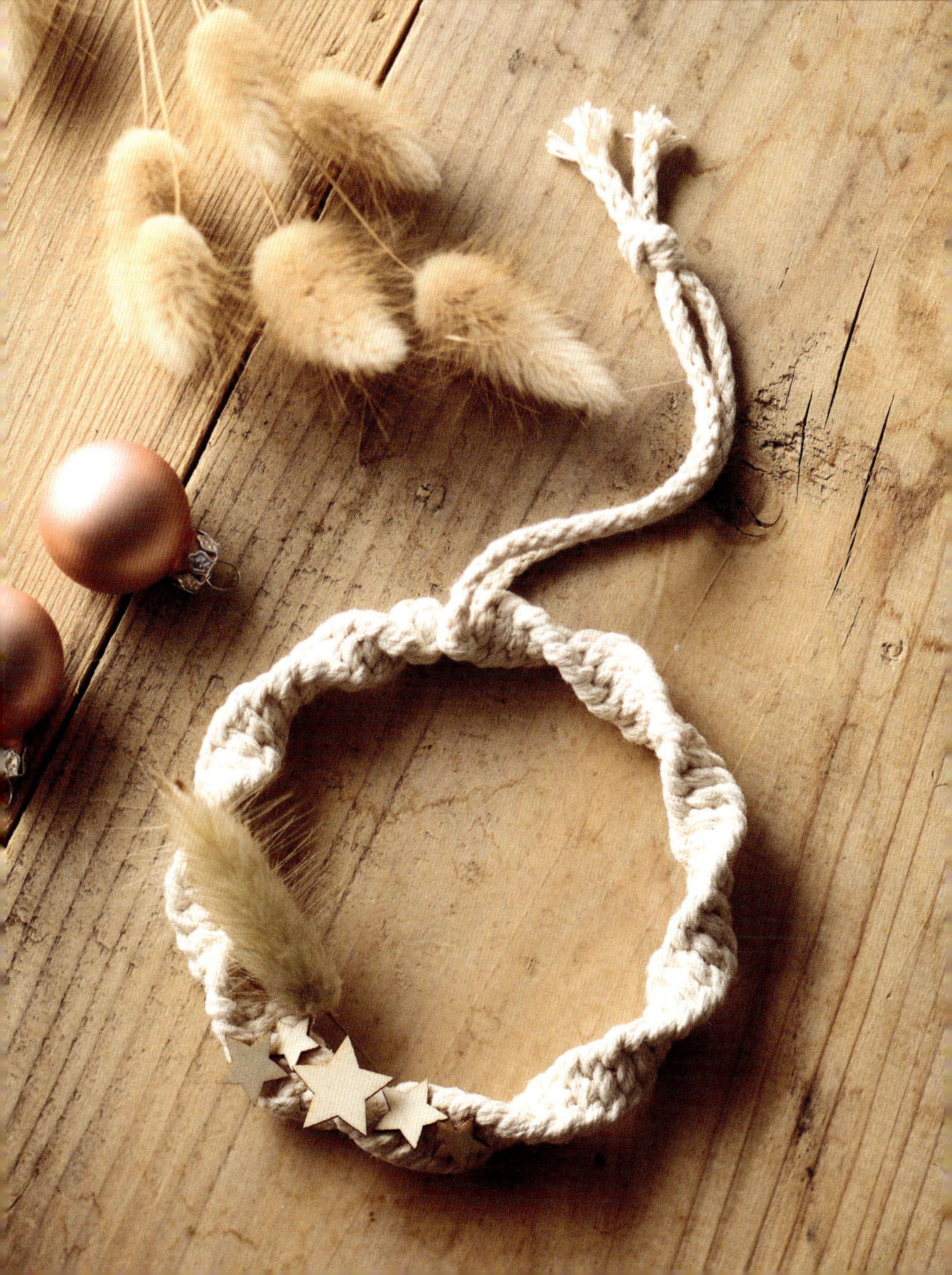

Stern-Wandschmuck

MOTIVGRÖSSE
ø 20 cm

MATERIAL
- Stern-Metallring, ø 20 cm
- Baumwollfaden in Natur, gezwirnt, ø 4 mm, 1,30 m lang
- 48 Baumwollfäden in Natur, gezwirnt, ø 4 mm, 30 cm lang
- Klebespray
- Holzkugeln (optional)

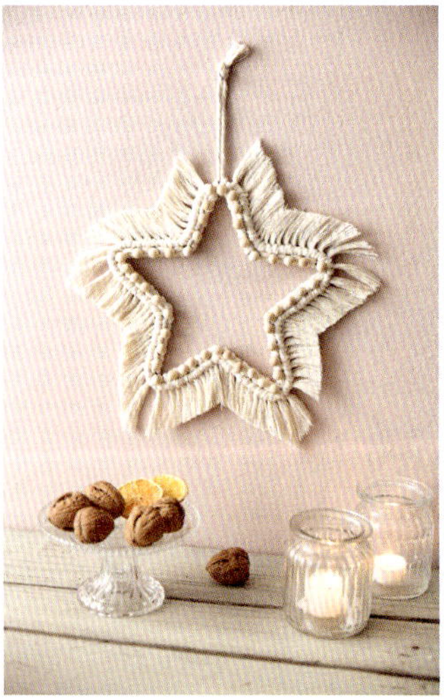

1 Nehmen Sie den langen Faden und legen Sie ihn nach 10 cm zu einer Schlaufe. Die Schlaufe wird unter den Stern geführt und der Faden mit einem Ankerknoten am Stern befestigt. Das lange Ende des Fadens sollte rechts liegen.

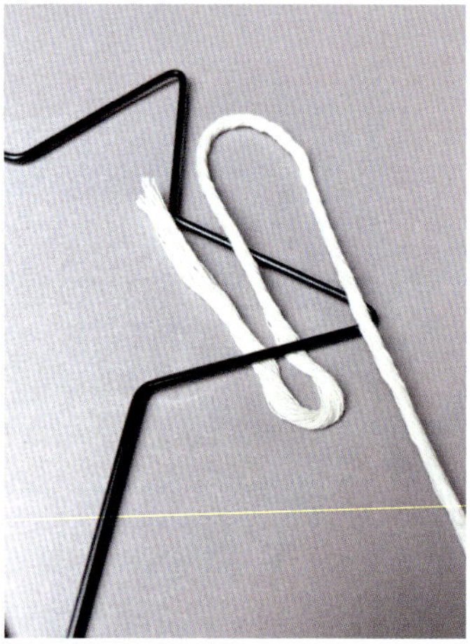

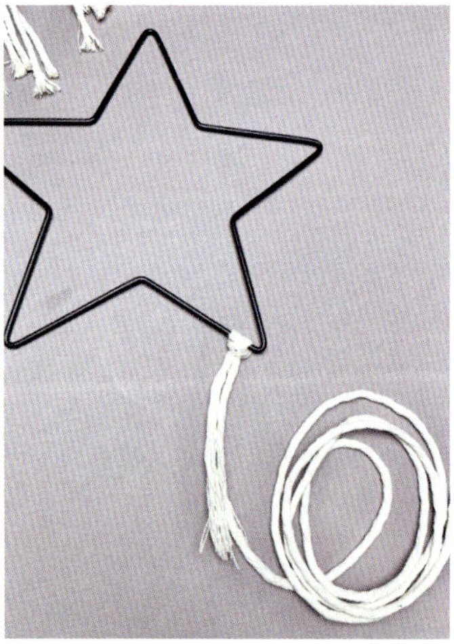

2 Legen Sie nun die anderen 48 Fäden an den Enden zusammen und befestigen Sie diese mit einem Ankerknoten am Stern.

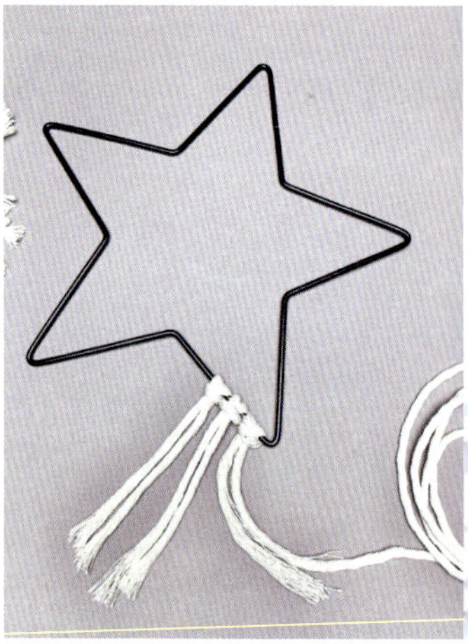

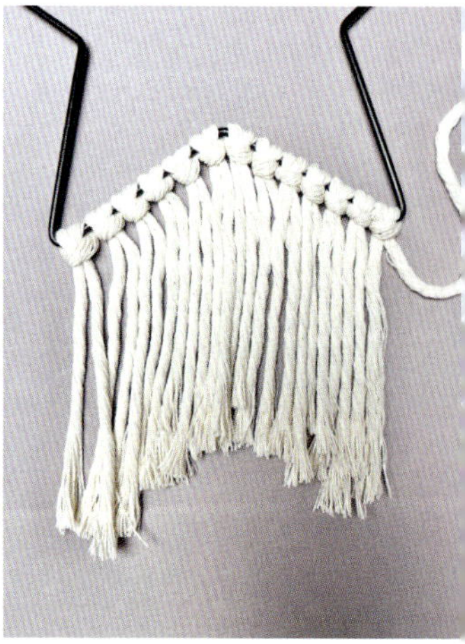

3 Nachdem alle Fäden am Stern befestigt wurden, nehmen Sie das lange Ende des ersten Fadens und führen dieses um den Stern. Das bedeutet, dass der lange Faden der Leitfaden wird und die kürzeren Fäden mit einem Rippenknoten, also doppeltem halben Schlag, an den Leitfaden geknüpft werden.

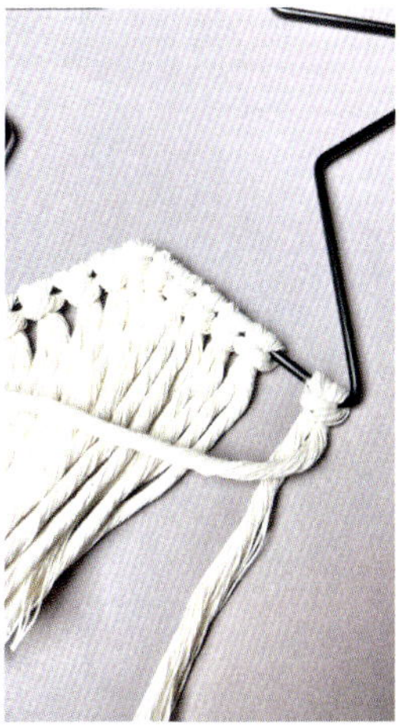

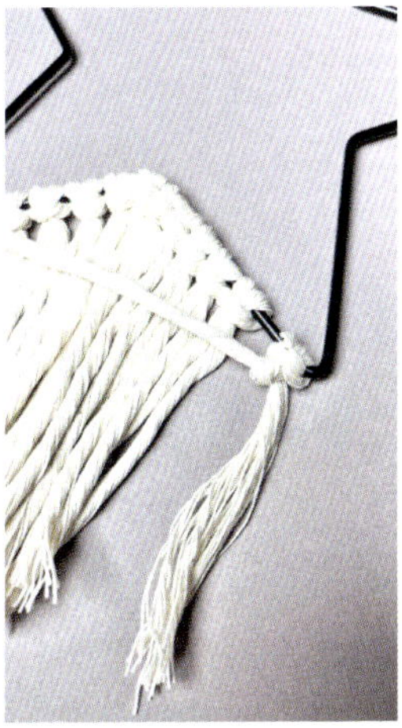

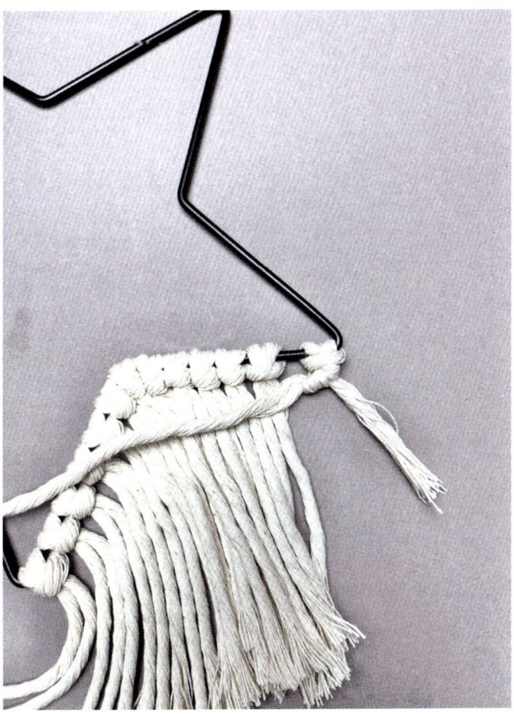

4 Nun wird das lange Ende mit dem ersten kurzen Faden zusammengeknotet und das Geknüpfte ist fest.

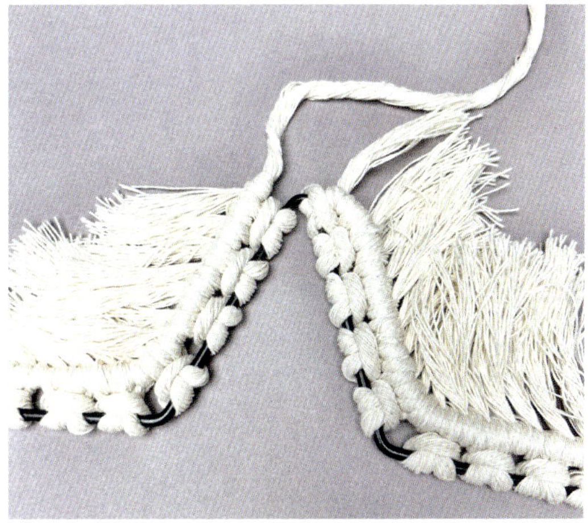

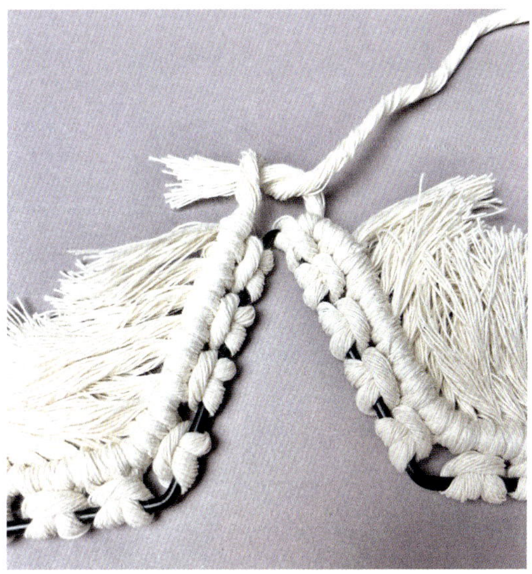

5 Damit die Fäden nicht einknicken, ist eine Fixierung mit Klebespray oder alternativ Haarspray vorteilhaft. Das Spray sorgt dafür, dass die Fäden schön fest sind und nicht nach unten hängen. Sobald sie fest sind, können die Fäden alle gleichmäßig zugeschnitten werden. Zusätzlich kann der Stern mit kleinen Holzperlen geschmückt werden.

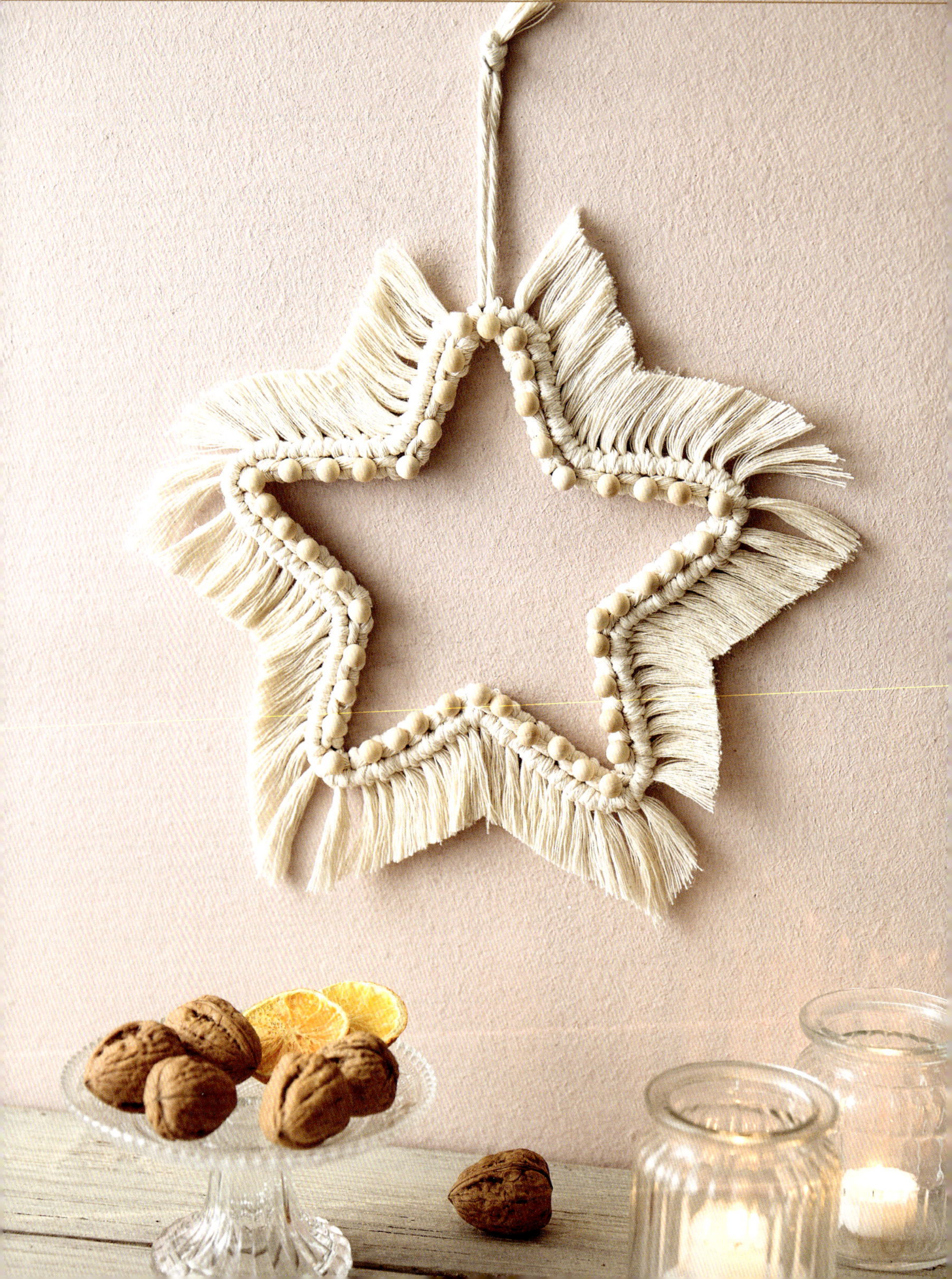

Windlicht

MOTIVGRÖSSE

ca. 77 cm x 9 cm

MATERIAL

- 6 Baumwollfäden in Natur, geflochten, ø 4 mm, 2,40 m lang
- Baumwollfaden in Natur, geflochten, ø 4 mm, 40 cm lang
- 32 Baumwollfäden in Natur, geflochten, ø 4 mm, 1,20 m lang
- Baumwollfaden in Natur, geflochten, ø 4 mm, 80 cm lang
- Holzring, ø 3 cm
- 3 Holzkugeln, ø 15 mm

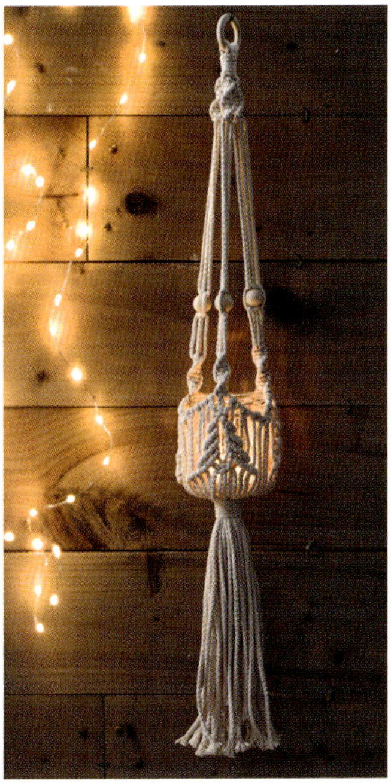

1 Nehmen Sie die sechs 2,40 m langen Fäden an den Enden zusammen und führen Sie diese durch den Holzring, sodass alle Fäden gleichlang sind. Knoten Sie dann einen Wickelknoten mit dem 40 cm langen Faden um alle Fäden herum.

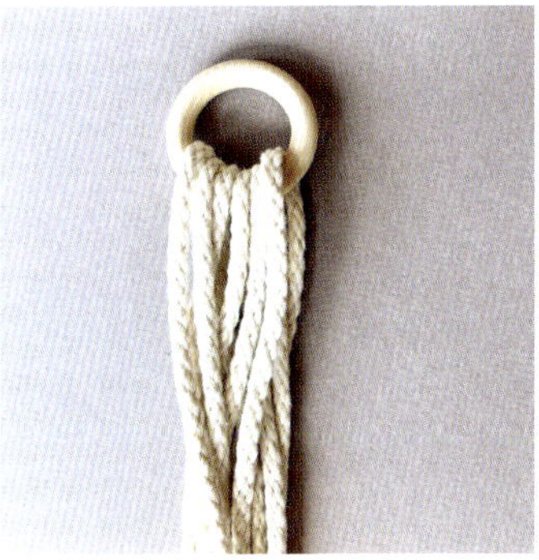

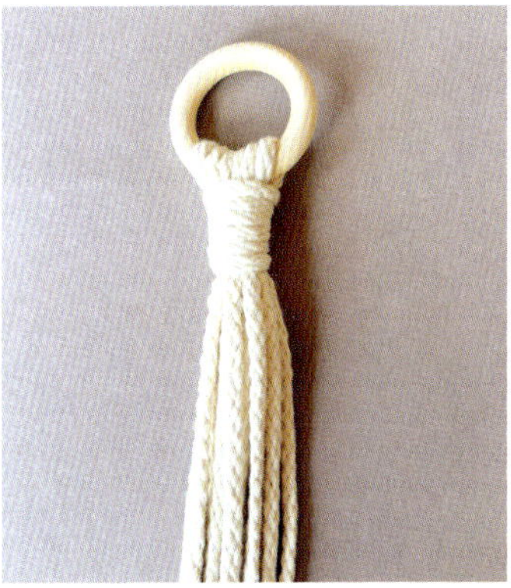

2 Teilen Sie die nun 12 Arbeitsfäden in jeweils drei auf. Jeder Strang hat vier Fäden, mit denen pro Strang weitergeknüpft wird. Knüpfen Sie nun pro Strang zehn Wellenknoten.

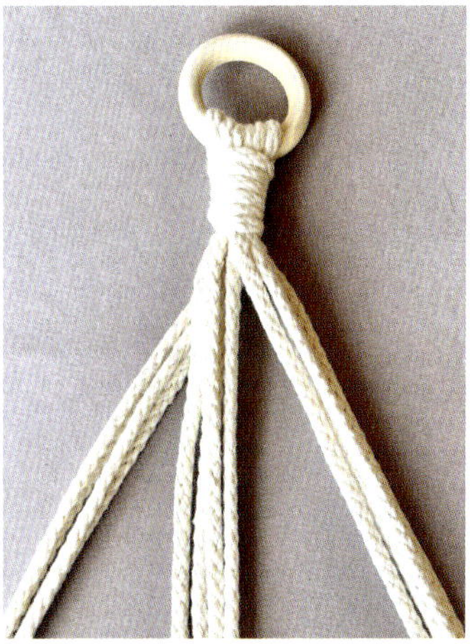

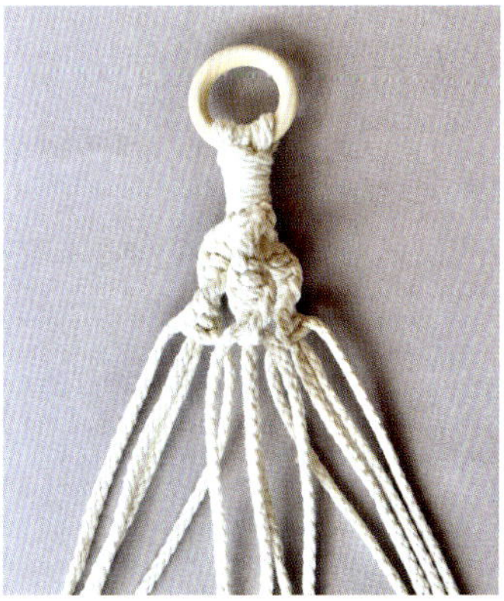

3 Knüpfen Sie nun einen Kreuzknoten mit einer Holzkugel dazwischen. Hierzu knüpfen Sie den ersten Teil des Kreuzknotens, führen die Holzkugel durch die mittleren zwei Trägerfäden und machen dann den zweiten Teil des Kreuzknotens und fixieren so die Holzkugel. Der Abstand zwischen dem Ende des Wellenmusters und der Holzkugel sollte ca. 20 cm betragen.

4 Wiederholen Sie Schritt 3 für alle drei Stränge. Daraufhin knüpfen Sie wieder pro Strang zehn Wellenknoten. Der Abstand zur Holzkugel sollte 7 cm betragen.

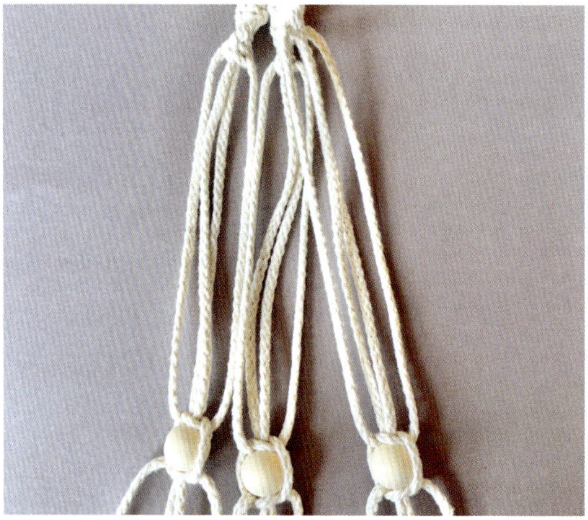

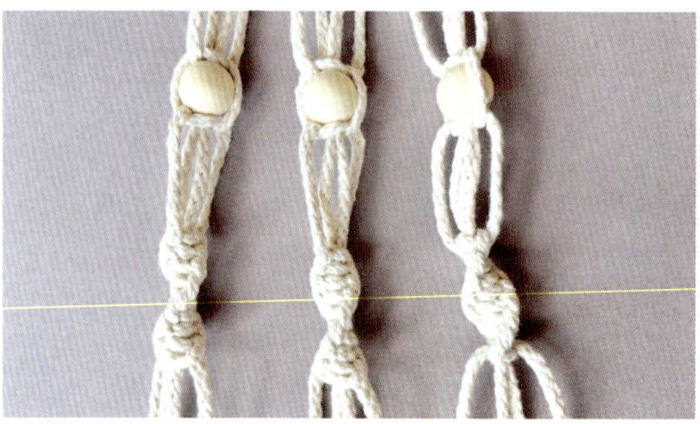

5 Daraufhin nehmen Sie jeden Strang und befestigen jeweils an die äußeren Fäden vier von den 1,20 m langen Fäden mit einem Ankerknoten (rückwärts).

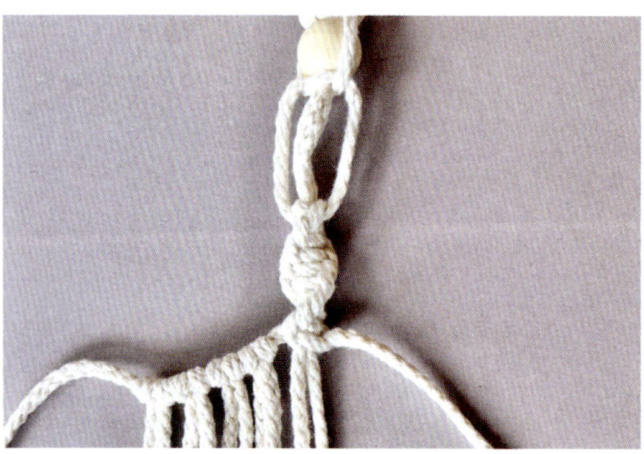

6 Nachdem Sie auf jedem äußeren Faden jeden Stranges vier Fäden haben, verbinden Sie die Stränge miteinander. Dafür nehmen Sie zwei Fäden von jedem Strang und knüpfen einen Kreuzknoten.

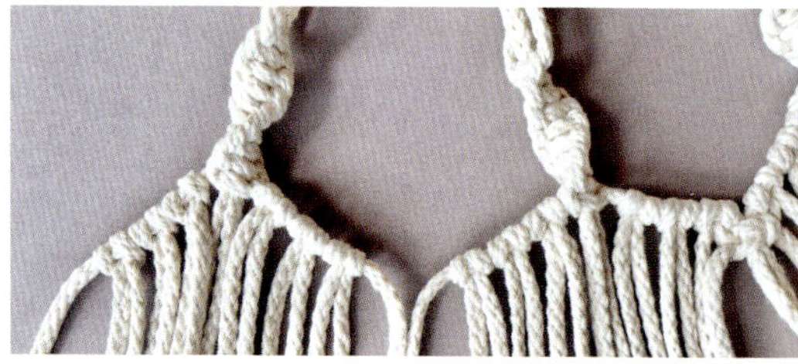

7 Pro Strang entsteht jetzt ein kleiner Tannenbaum. Dafür beginnen Sie von der Mitte ausgehend mit einem Kreuzknoten.

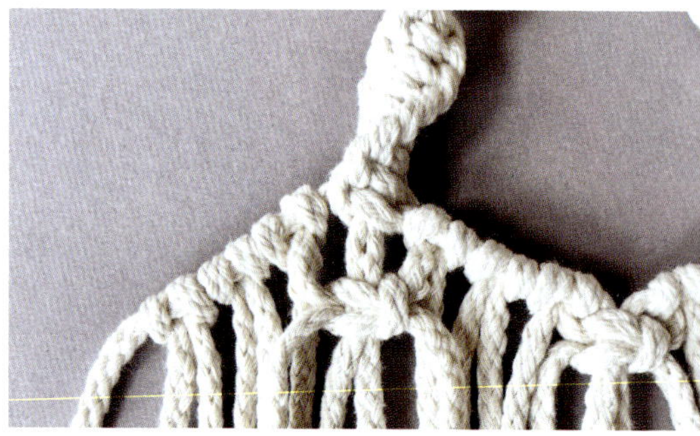

8 Daraufhin nehmen Sie jeweils die mittleren zwei Fäden vom Kreuzknoten ausgehend als Leitfaden und knüpfen mit den Nachbarsfäden Rippenknoten um den Leitfaden. Als erstes knüpfen Sie mit zwei Arbeitsfäden auf jeder Seite.

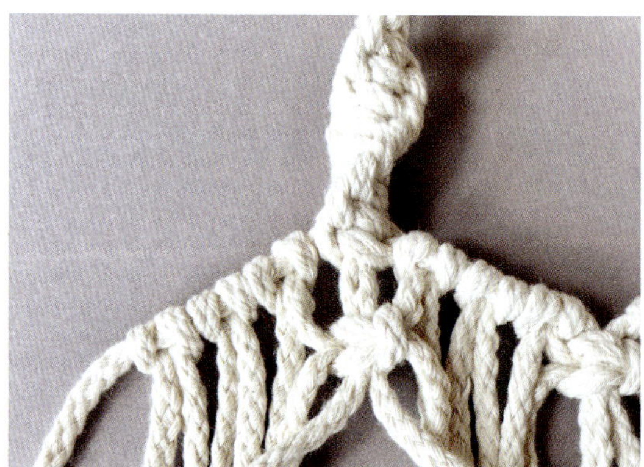

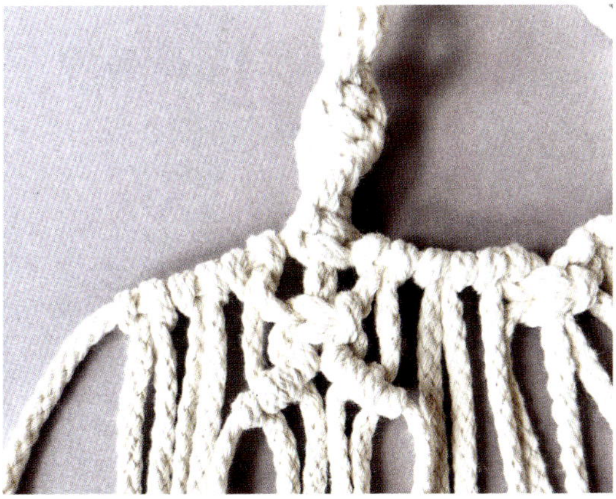

9 Dann erweitern Sie pro Reihe um einen weiteren Arbeitsfaden, sodass der Baum mit jeder Reihe breiter wird.

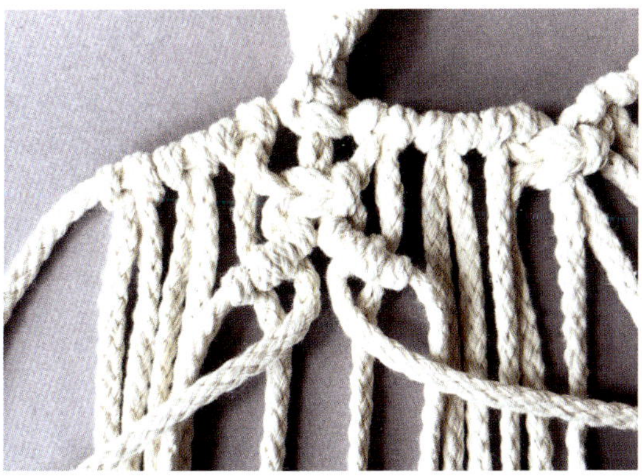

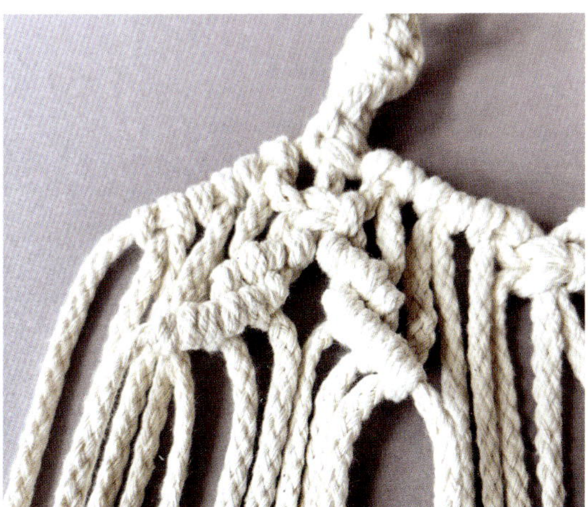

10 Wiederholen Sie die Schritte 8 und 9.

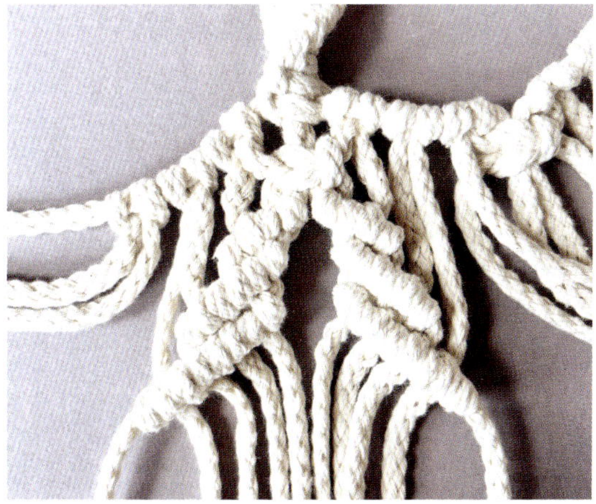

11 Sobald Sie insgesamt vier Reihen mit Rippenknoten haben, knüpfen Sie unten in der Mitte noch einen Kreuzknoten, um den Baum zusammenzuführen. Knüpfen Sie nun für jeden Strang einen Baum und verbinden Sie alle Fäden unten mit einem Wickelknoten. Dafür benutzen Sie den 80 cm langen Faden.

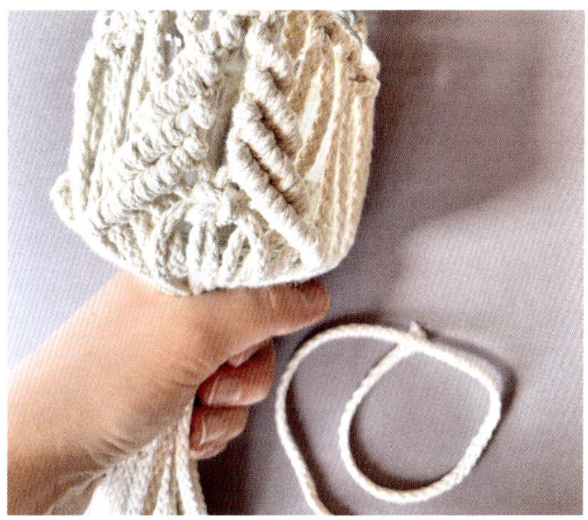

Mein Tipp für Sie

Legen Sie schon vor dem letzten Wickelknoten Ihr Glas in das Makramee-Windlicht.

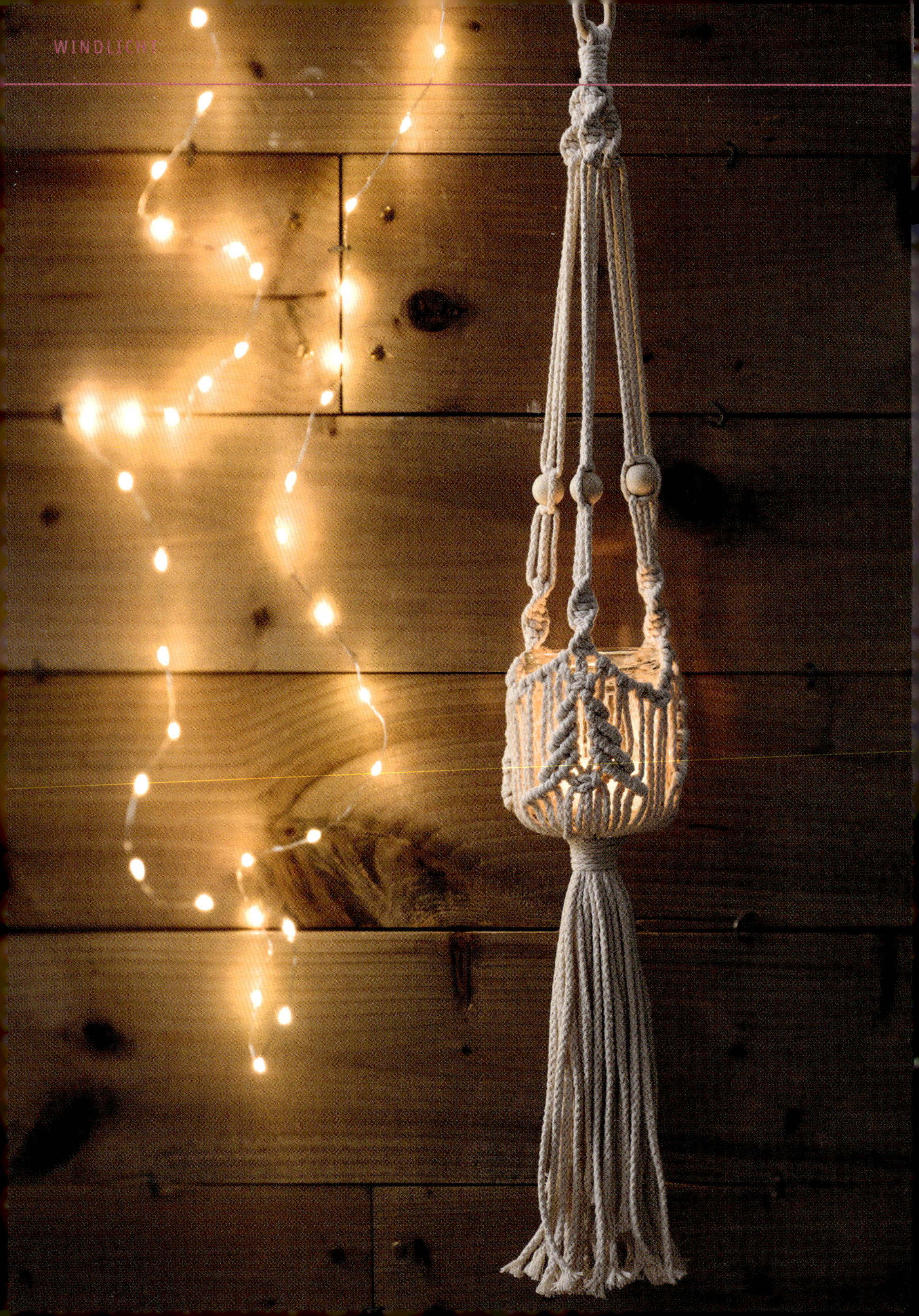

Tannenbaumgirlande

MOTIVGRÖSSE

ca. 44 cm x 12 cm

MATERIAL PRO TASSEL:

- Baumwollfaden in Natur, Honiggelb oder Grün, geflochten, ø 4 mm, 30 cm lang
- Baumwollfaden in Natur, Honiggelb oder Grün, geflochten, ø 4 mm, 1,40 m lang
- Baumwollfaden in Natur, Honiggelb oder Grün, geflochten, ø 4 mm, 20 cm lang
- Baumwollfaden in Natur, Honiggelb oder Grün, geflochten, ø 2 mm, 1,50 m lang

- Karton, 8 cm x 5 cm
- 10 Holzkugeln, ø 15 mm
- Kleine Holzsterne
- Baumwollfaden zum Aufhängen

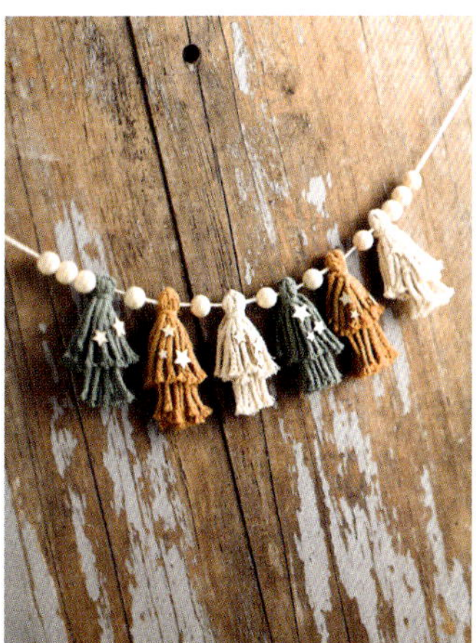

1 Legen Sie den 30 cm langen Faden waagrecht über das Kartonstück. Nehmen Sie anschließend den 1,40 m langen Faden zur Hand und klemmen Sie diesen in den unteren Schlitz des Kartons ein. Diesen Schlitz können Sie zuvor mit einer Schere oder einem Cutter auf einer der kürzeren Seiten des Kartons vornehmen.

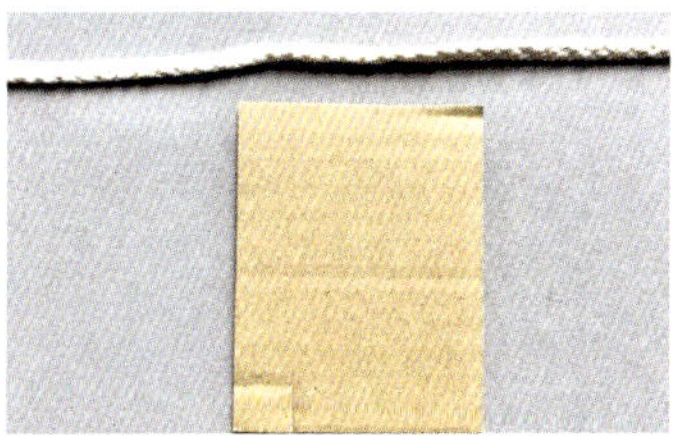

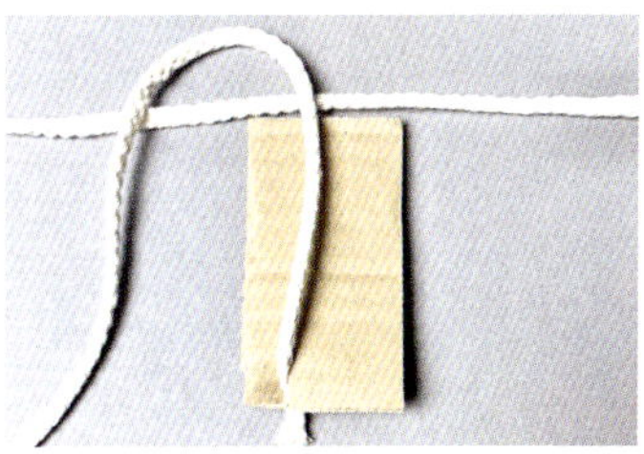

2 Wickeln Sie den langen Faden um das Kartonstück, sodass Sie auch den waagrechten Faden oberhalb miteinschließen. Wenn Sie den Faden umwickelt haben, binden Sie einen Knoten mit dem waagrechten Faden.

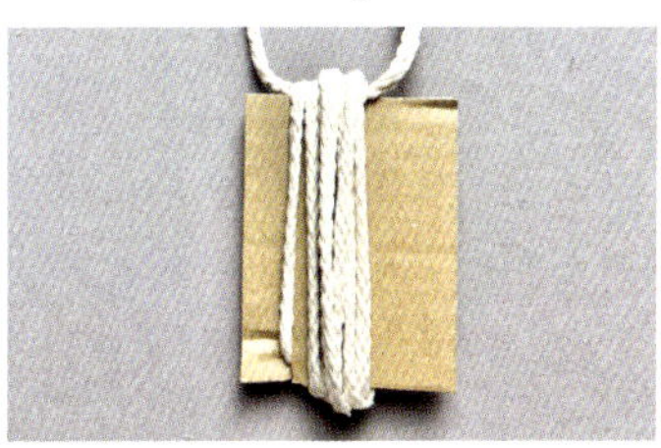

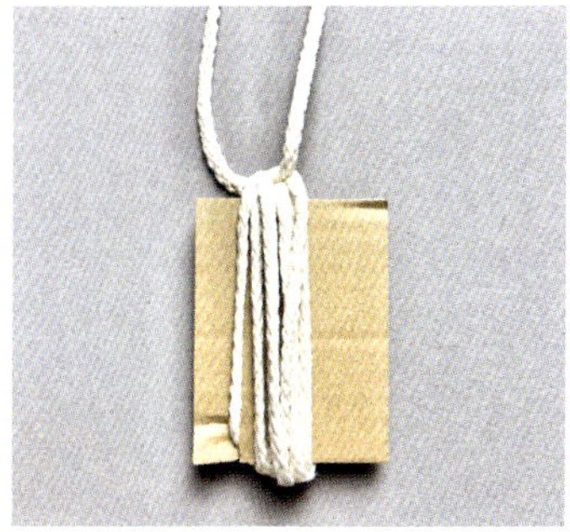

3 Ziehen Sie das Kartonstück heraus und schneiden Sie die Fäden unten durch. Daraufhin binden Sie einen Knoten mit dem 20 cm langen Baumwollfaden um alle Fäden herum. Lassen Sie oberhalb ca. 1 cm Platz für den Kopf der Tassel.

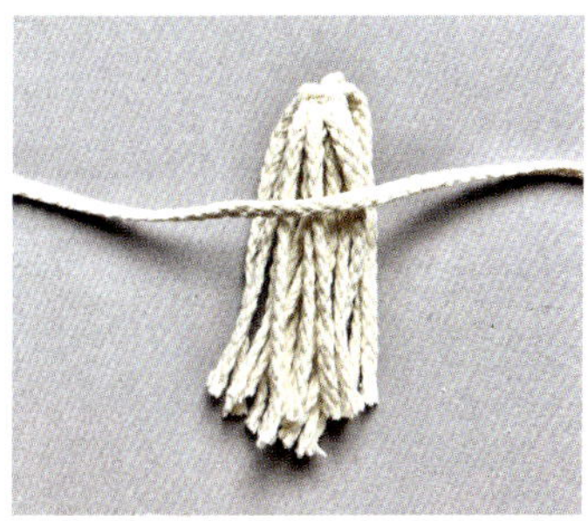

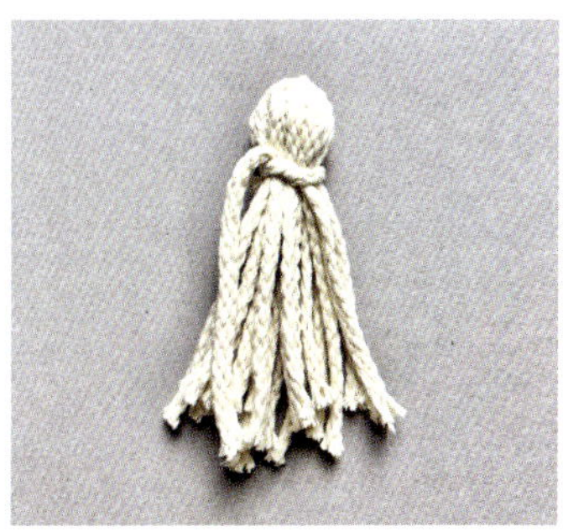

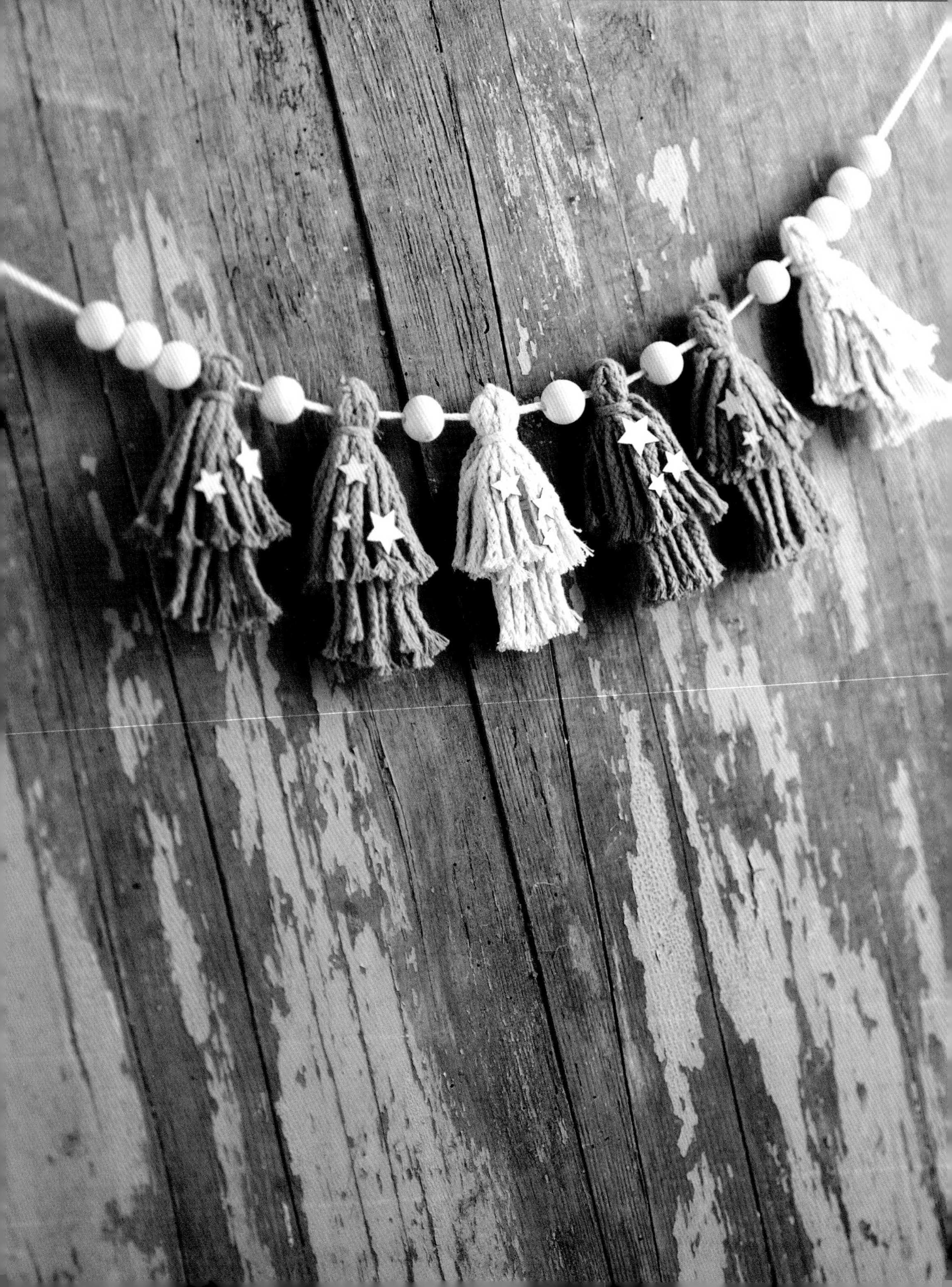

4 Wiederholen Sie die Schritte 1–3 und machen Sie eine weitere Tassel. Nehmen Sie nun eine der Tasseln zur Hand und schieben Sie die Fäden nach außen, sodass Sie den Beginn sehen können. Tragen Sie nun etwas Heißkleber auf diese Fläche auf und drücken Sie den Kopf der zweiten Tassel darauf.

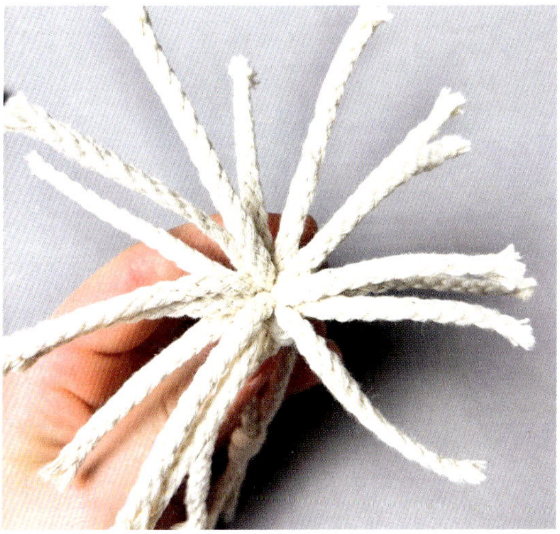

5 Sobald Sie ca. sechs Tannenbäume fertiggestellt haben, können Sie diese mit kleinen Holzsternen bekleben.

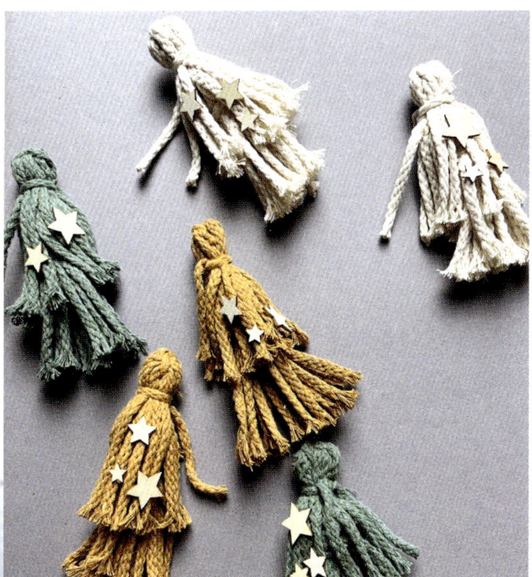

6 Zuletzt nehmen Sie eine Nadel und ziehen einen langen Faden (geflochten, ø 2 mm) durch die Köpfe der Tasseln. Sie können zwischen den einzelnen Tannenbäumen auch noch Holzkugeln einfädeln.

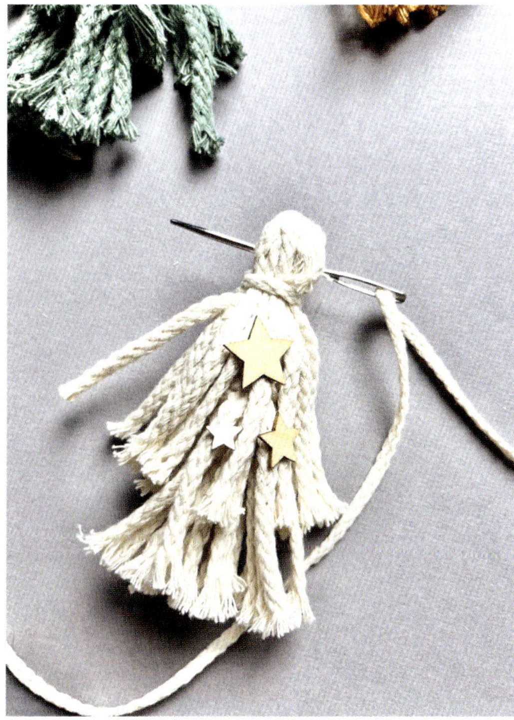

Stern-Untersetzer

MOTIVGRÖSSE
ca. 10 cm x 10 cm

MATERIAL
- 12 Baumwollfäden in Natur, geflochten, ø 4 mm, 60 cm lang

1 Legen Sie einen der zwölf Fäden an beiden Enden zusammen waagrecht hin. Die geschlossene Seite des Fadens sollte nach links zeigen. Anschließend befestigen Sie an diesem die restlichen elf Fäden mit einem Ankerknoten (rückwärts).

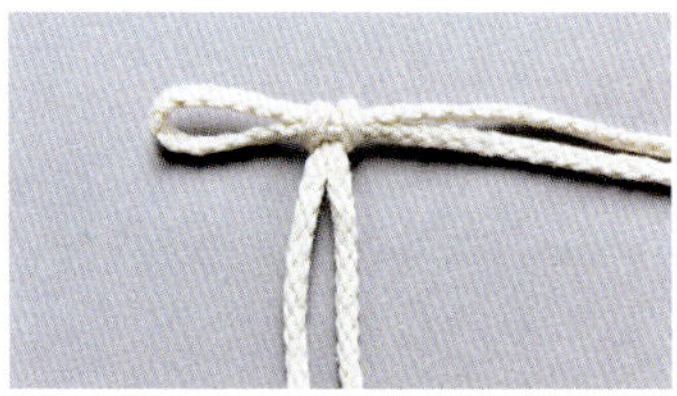

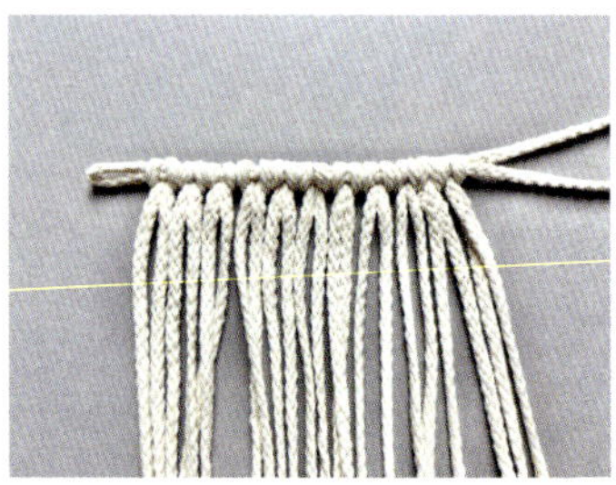

2 Ziehen Sie nun die zwei Enden des ersten Hauptfadens durch die eigene Schlaufe. Schieben Sie dabei die angeknüpften Fäden zusammen, sodass alle eng beieinander einen kleinen Kreis bilden.

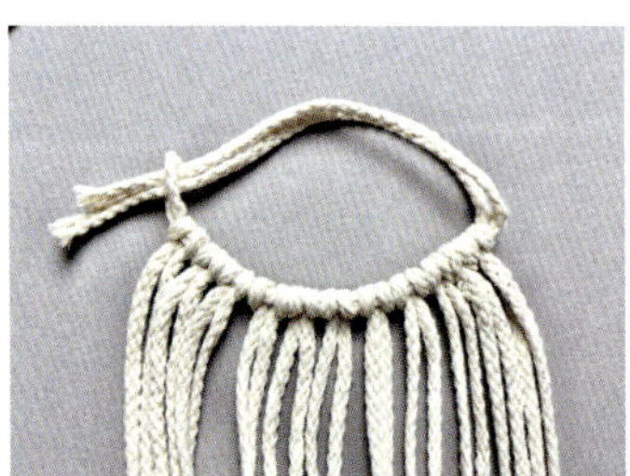

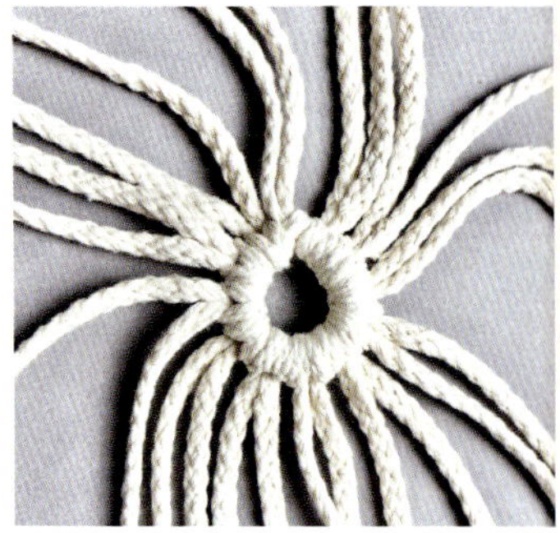

3 Nun arbeiten Sie mit insgesamt sechs Fäden weiter. Sie nehmen auf jeder Seite jeweils den äußersten Faden als Leitfaden und machen mit den danebenstehenden zwei Fäden jeweils einen Rippenknoten.

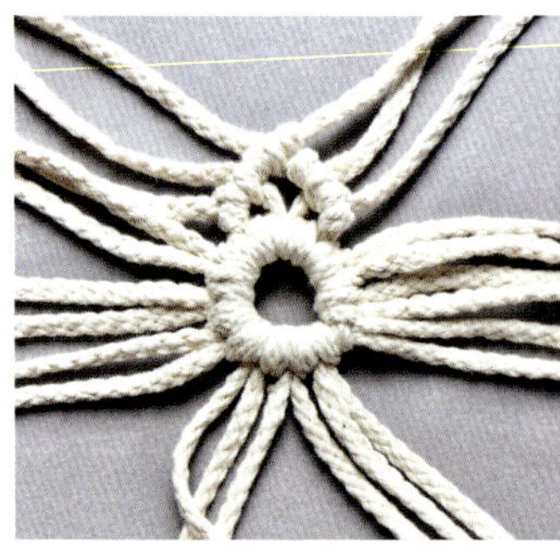

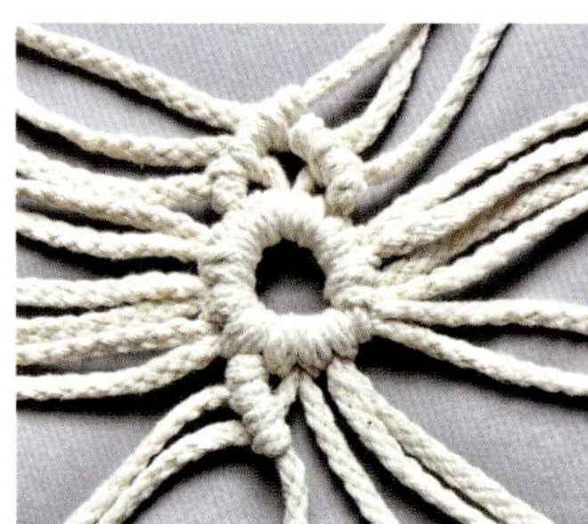

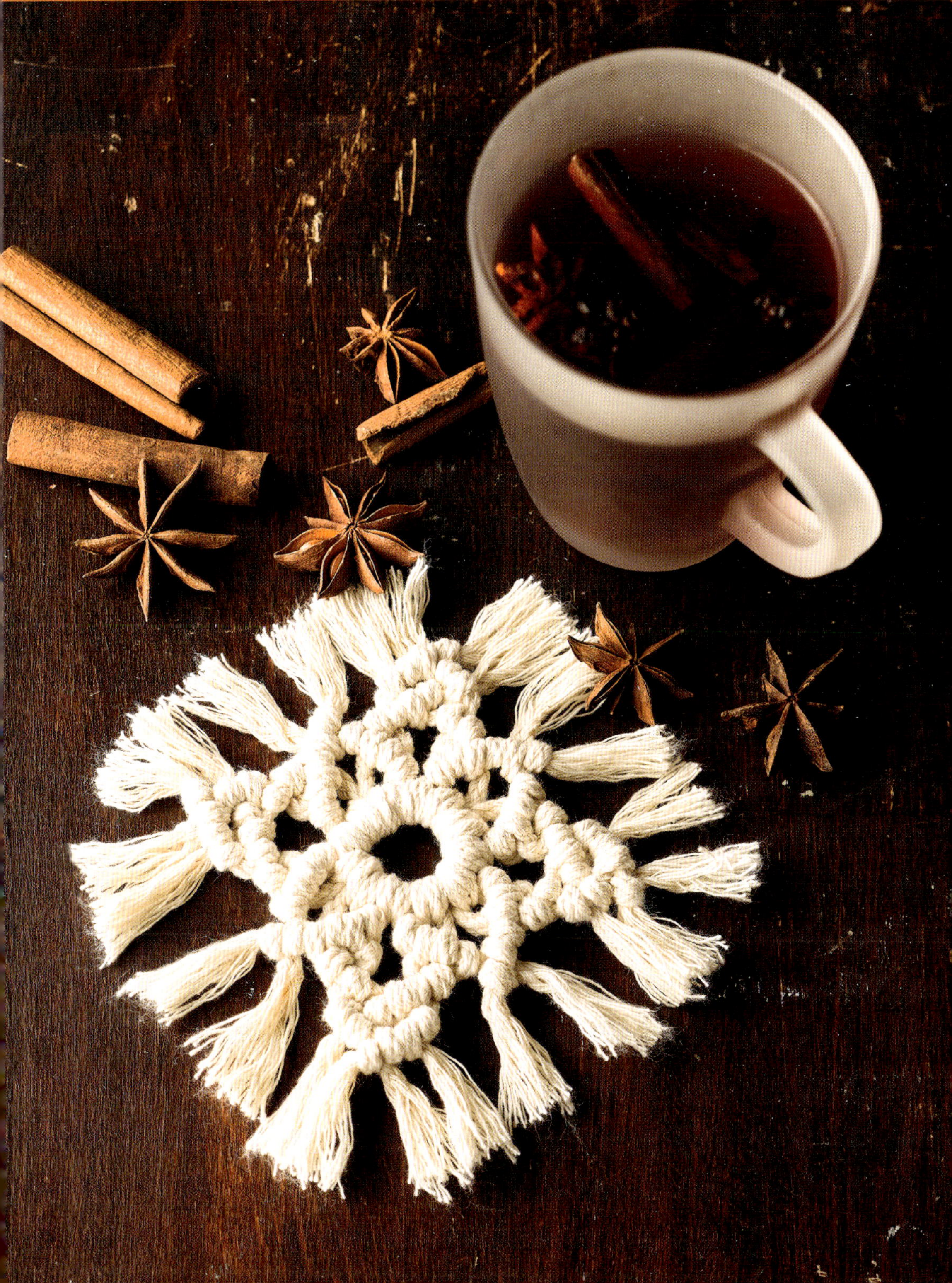

4 Sobald Sie auf beiden Seiten zwei Rippenknoten geknüpft haben, schließen Sie das Dreieck unten mit einem weiteren Rippenknoten. Wiederholen Sie dies nun für die anderen Fäden, sodass Sie am Ende insgesamt vier Dreiecke am Kreis haben.

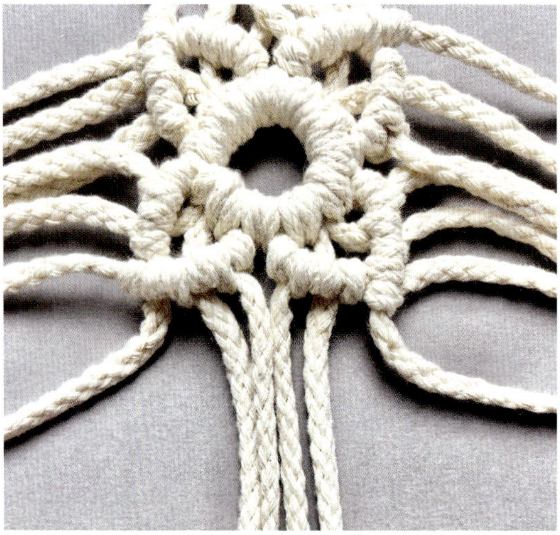

5 Sie arbeiten nun weiter mit vier Fäden zwischen zwei Dreiecken. Dafür nehmen Sie den äußersten Faden auf jeder Seite und knüpfen mit dem danebenliegenden Faden einen Rippenknoten. Wenn Sie auf beiden Seiten einen Rippenknoten geknüpft haben, verbinden Sie beide Leitfäden wieder mit einem Rippenknoten.

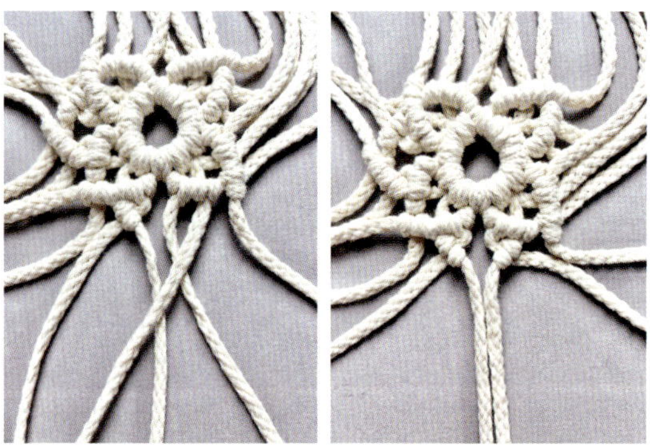

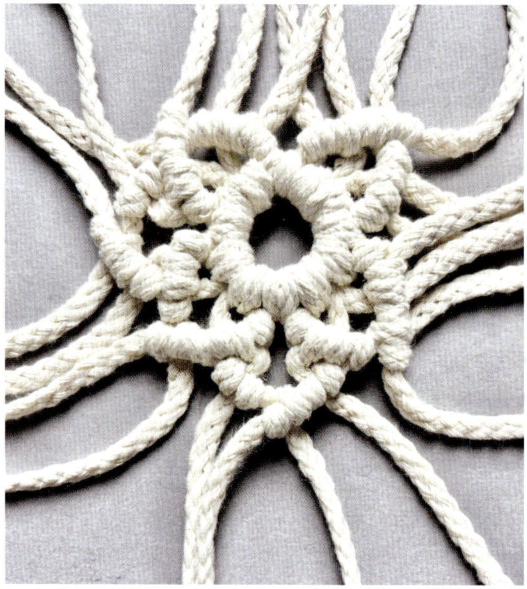

6 Daraufhin knüpfen Sie eine weitere Reihe Rippenknoten. Hierfür nehmen Sie wieder den äußersten Faden, machen einen Rippenknoten auf jeder Seite und schließen das Muster, indem Sie beide Leitfäden miteinander verbinden.

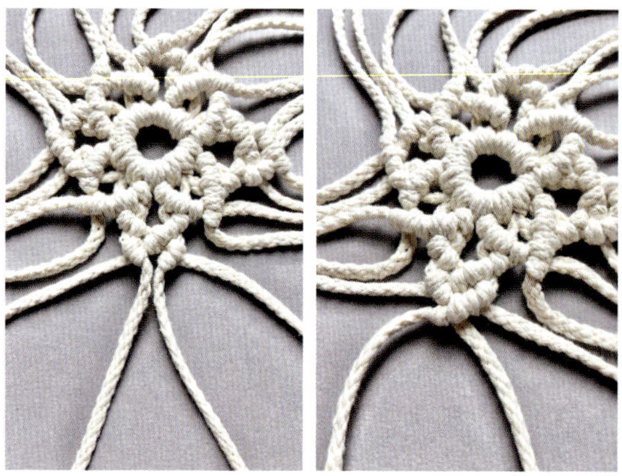

7 Wiederholen Sie dies für alle restlichen Fäden und schneiden Sie am Ende die Fäden in die gewünschte Länge zu. Sie können die Fäden nach Wunsch aufkämmen.

Wanddeko mit Ornamenten

MOTIVGRÖSSE

ca. 39 cm x 74 cm

MATERIAL

ORNAMENT 1

- Holzring, ø 4 cm
- 6 Baumwollfäden in Natur, geflochten, ø 4 mm, 30 cm lang
- Baumwollfaden in Grün, geflochten, ø 4 mm, 40 cm lang

ORNAMENT 2

- Metallring, ø 10 cm
- 10 Baumwollfäden in Natur, geflochten, ø 4 mm, 30 cm lang

ORNAMENT 3

- Holzring, ø 7 cm
- Baumwollfaden in Grün, geflochten, ø 4 mm, 2 m lang

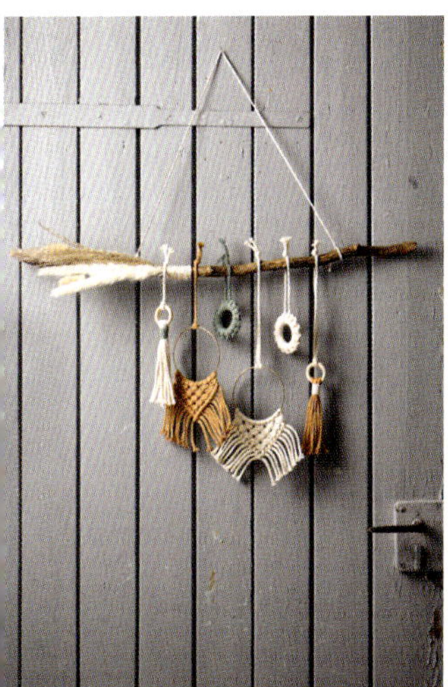

Ornament 1

1 Führen Sie die Enden der sechs Fäden durch den Holzring.

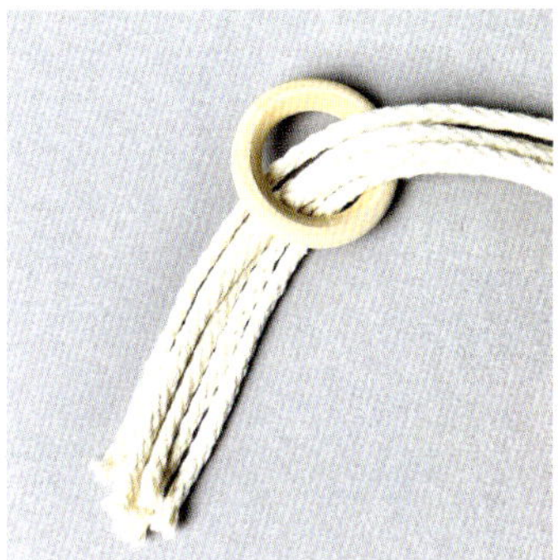

2 Bringen Sie alle Enden auf die gleiche Höhe.

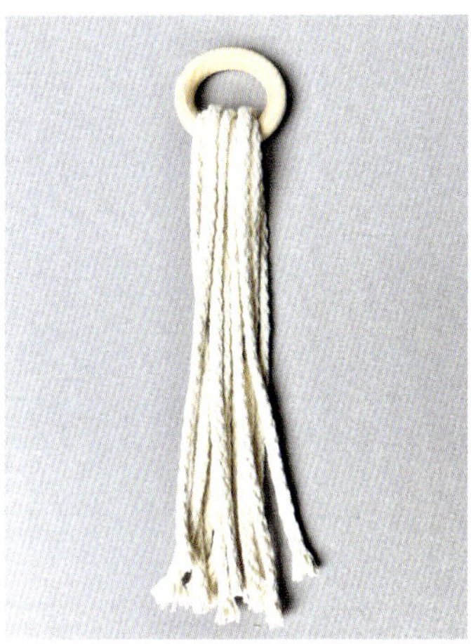

3 Verbinden Sie alle Fäden mit einem Wickelknoten, dafür benutzen Sie den 40 cm langen Faden.

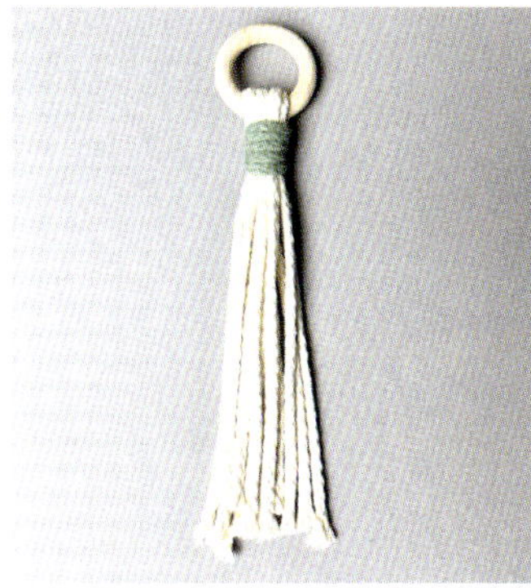

Ornament 2

1 Befestigen Sie die zehn Fäden mit einem Ankerknoten am Metallring.

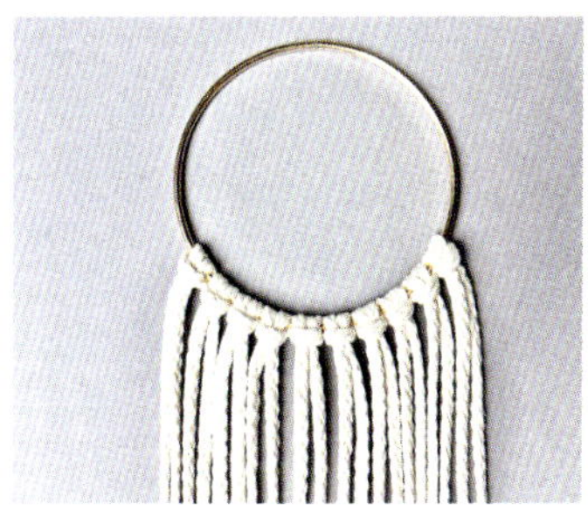

2 Knüpfen Sie mit jeweils vier Fäden einen Kreuzknoten.

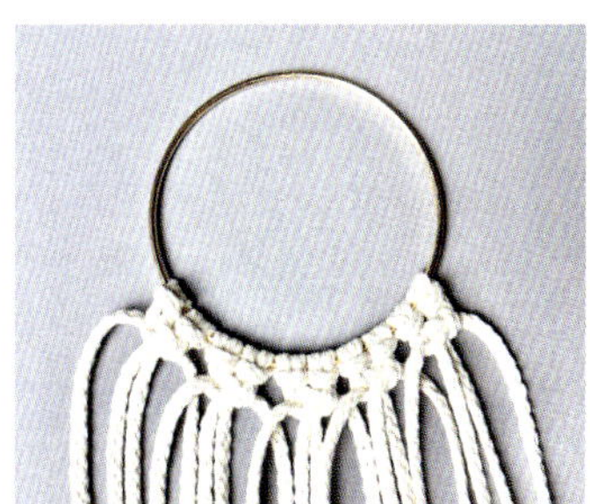

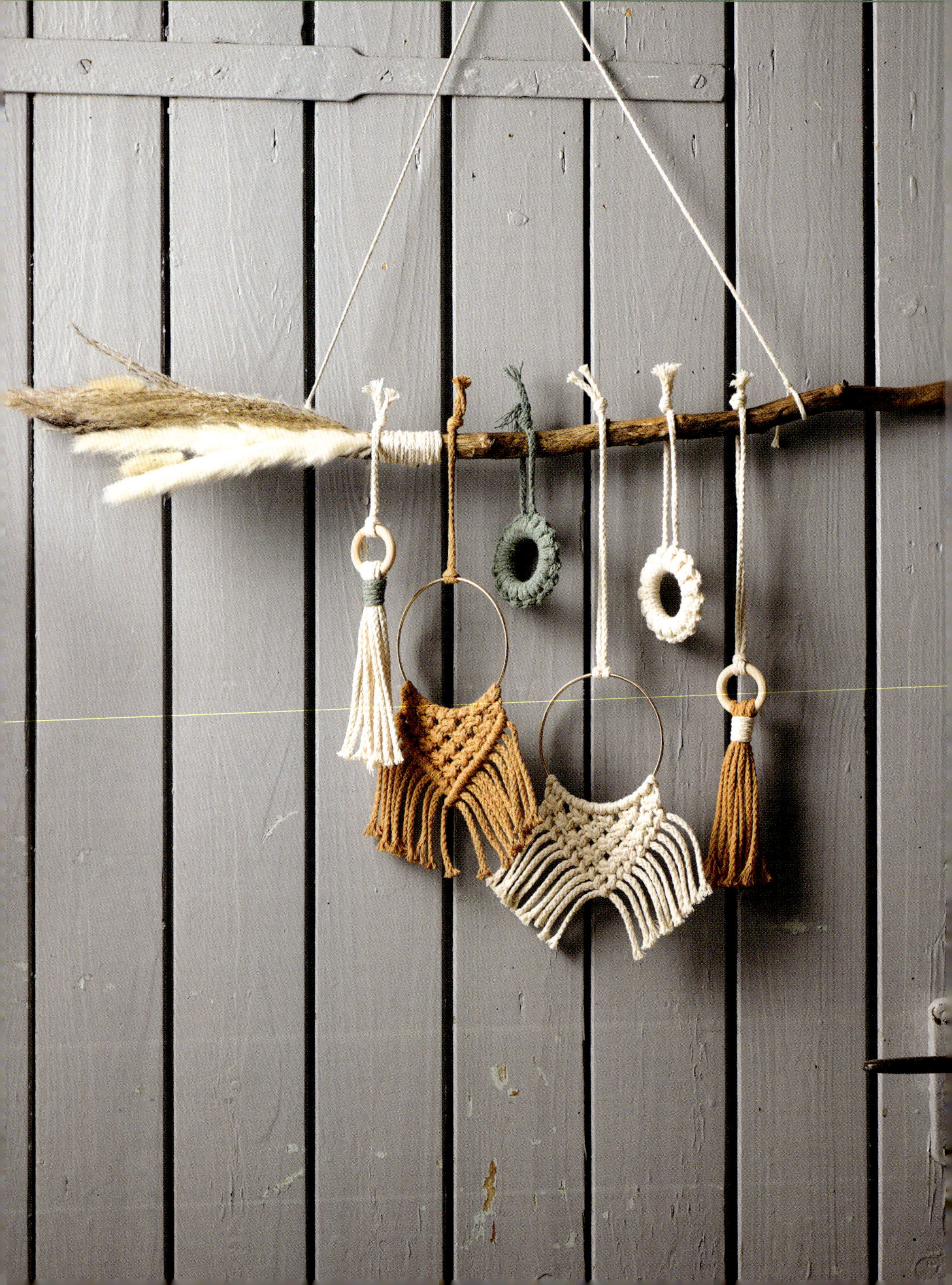

3 Arbeiten Sie sich nun weiter nach unten, indem Sie in jeder Reihe jeweils zwei Fäden auf jeder Seite weglassen und mit den restlichen Fäden Kreuzknoten knüpfen.

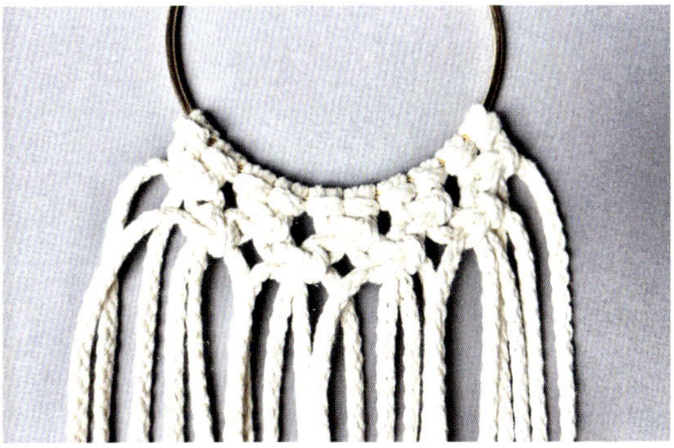

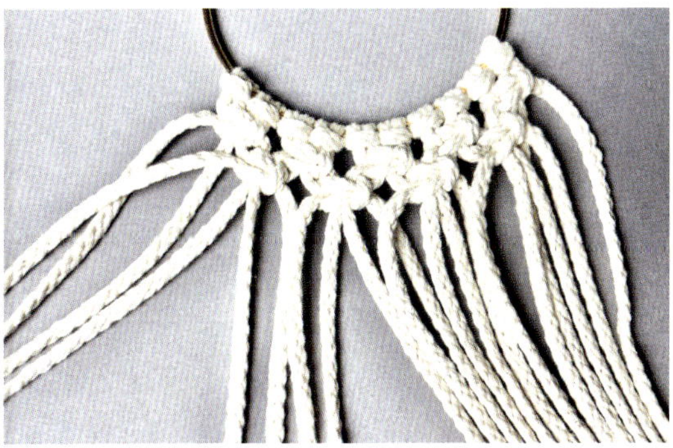

4 Sobald Sie sich nach unten gearbeitet und ein Kreuzknotenmuster spitz nach unten verlaufend erstellt haben, knüpfen Sie auf jeder Seite ein Rippenmuster diagonal nach unten verlaufend. Dafür nehmen Sie den ersten Faden als Leitfaden und knüpfen mit den restlichen Fäden einen Rippenknoten, bis Sie unten in der Mitte angelangt sind.

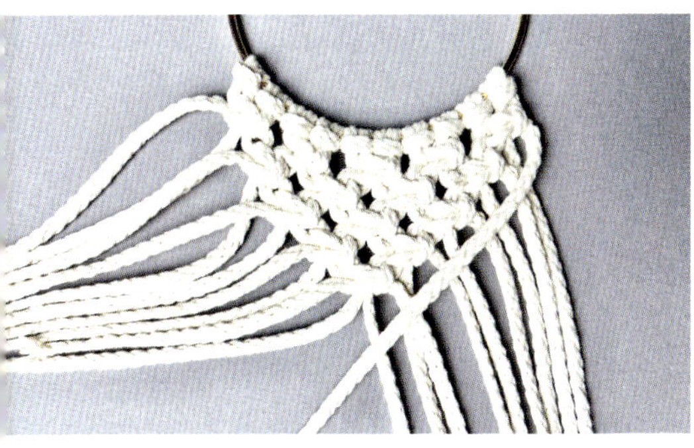

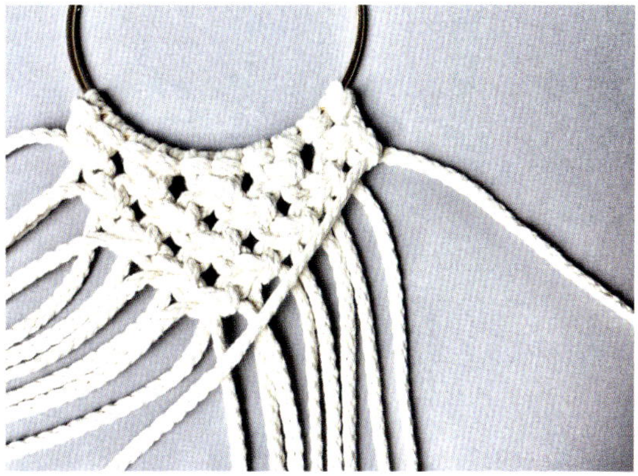

5 Wiederholen Sie Schritt 4 auf der anderen Seite und verbinden Sie die Leitfäden unten miteinander.

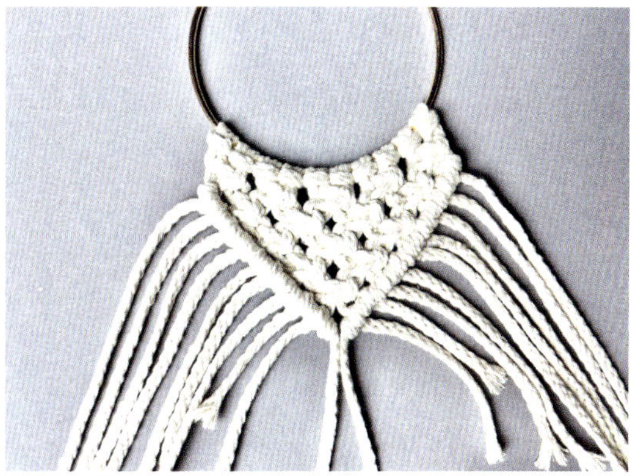

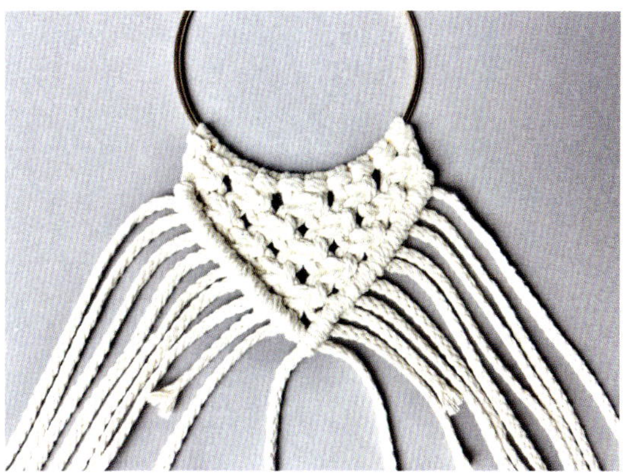

6 Schneiden Sie nun die Fäden auf die gewünschte Länge zu.

Ornament 3

1 Legen Sie die beiden Enden des Fadens zusammen und befestigen Sie diesen mit einem Ankerknoten am Holzring.

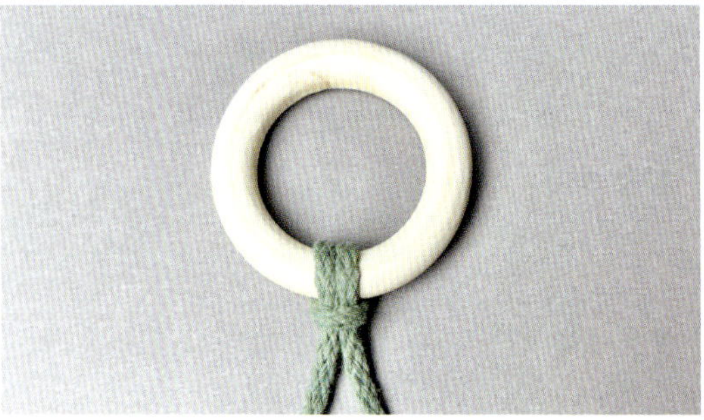

2 Legen Sie nun den linken Faden nach oben und führen Sie diesen von hinten durch den Zwischenraum nach vorne.

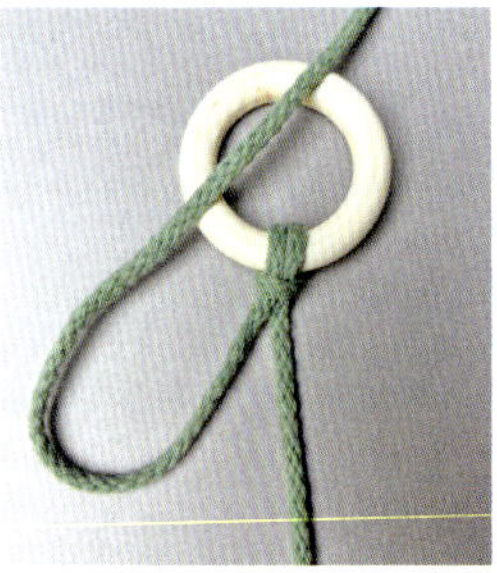

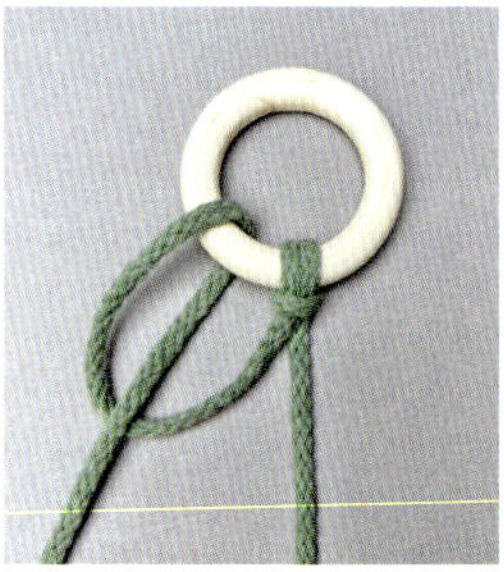

3 Legen Sie denselben Faden nun unter den Holzring und führen Sie diesen von oben durch den Zwischenraum nach vorne.

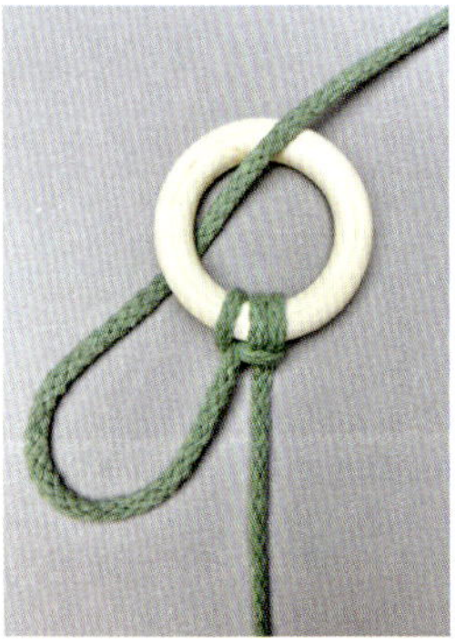

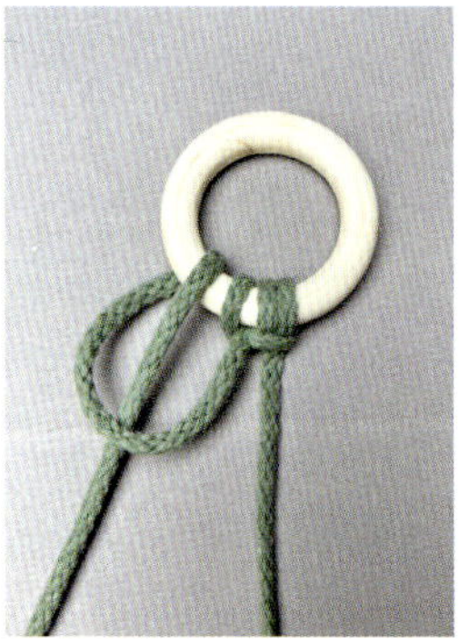

4 Wiederholen Sie die Schritte 2 und 3 bis Sie die Hälfte des Holzringes abgedeckt haben.

5 Nun arbeiten Sie mit dem linken Faden weiter. Dafür legen Sie diesen über den Holzring und ziehen ihn von hinten durch den Zwischenraum nach vorne.

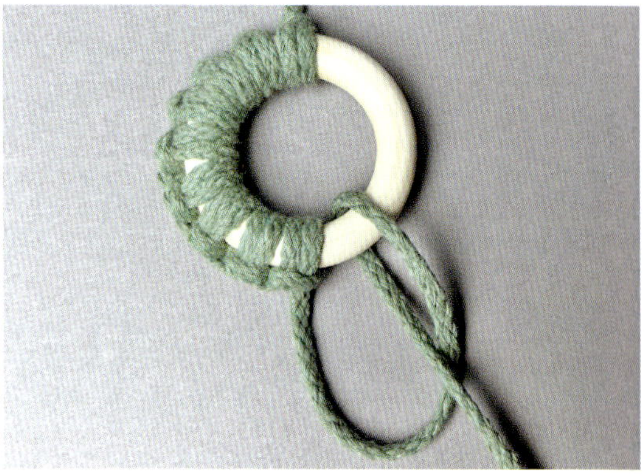

6 Nun legen Sie wieder denselben Faden unter den Holzring und ziehen ihn von oben durch den Zwischenraum nach vorne.

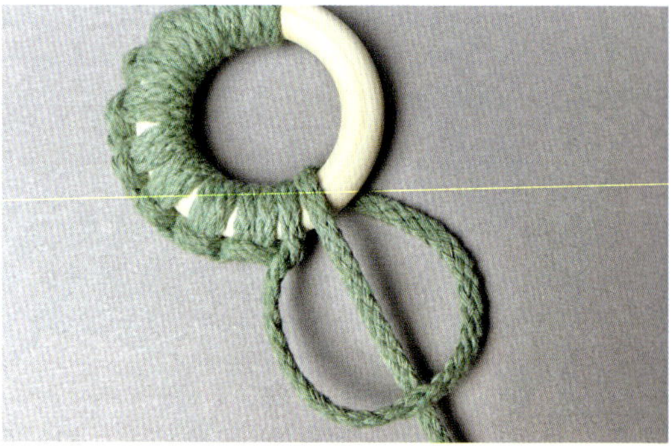

7 Wiederholen Sie die Schritte 5 und 6 bis der gesamte Holzring abgedeckt ist.

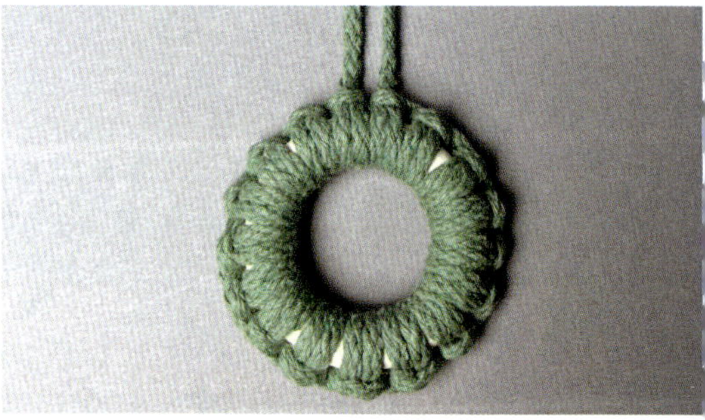

Tannenbäume

MOTIVGRÖSSE

ca. 30 cm x 12 cm

MATERIAL

VARIANTE 1:

- Schaschlickspieß, 30 cm lang
- Baumwollfaden in Natur, geflochten, ø 4 mm, 2,50 m lang

VARIANTE 2:

- Schachschlickspieß, 30 cm lang
- 10 Baumwollfäden in Natur, gezwirnt, ø 4 mm, 15 cm lang
- 18 Baumwollfäden, gezwirnt, ø 4 mm, 20 cm lang
- Klebespray oder Haarspray

- Kleiner Holzstern
- Holzperlen
- Kamm
- Blumentopf (optional)
- Moos (optional)

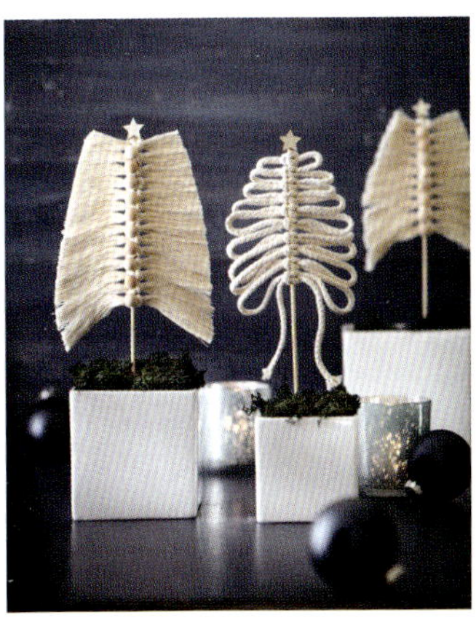

Variante 1

1 Legen Sie den Spieß auf die Mitte des Fadens.

2 Knüpfen Sie nun einen Kreuzknoten. Der Spieß ersetzt so die Trägerfäden.

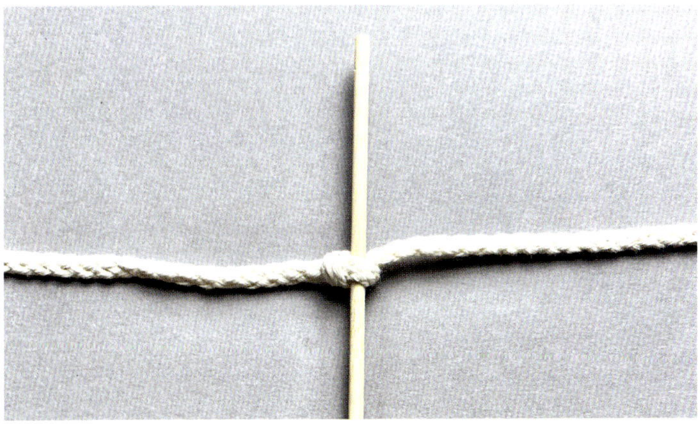

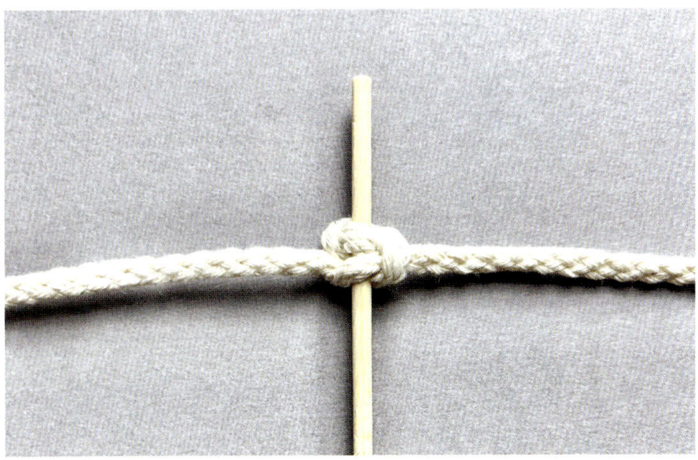

3 Knüpfen Sie nun mit einem Abstand von ca. 5 cm einen weiteren Kreuzknoten. Sobald Sie den Kreuzknoten fixiert haben, schieben Sie diesen hoch an den vorherigen Kreuzknoten.

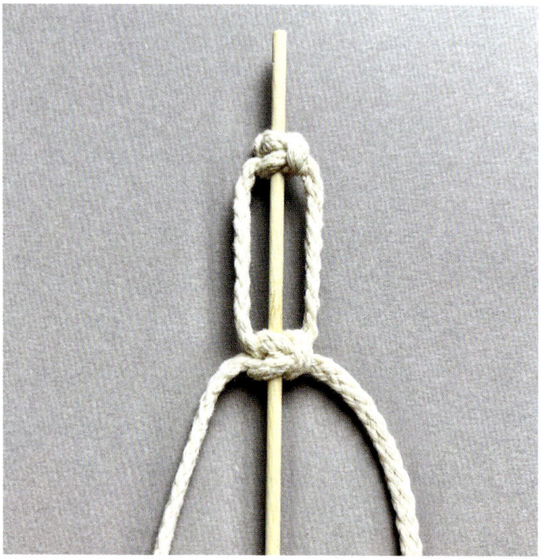

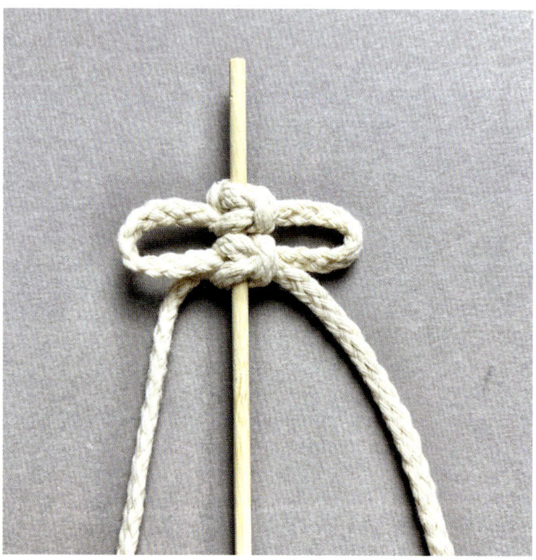

4 Sie wiederholen Schritt 3, bis Sie zehn Kreuzknoten geknüpft haben. Bei jedem neuen Kreuzknoten vergrößern Sie den Abstand um ca. 1 cm, damit sich der Tannenbaum nach unten ausweitet.

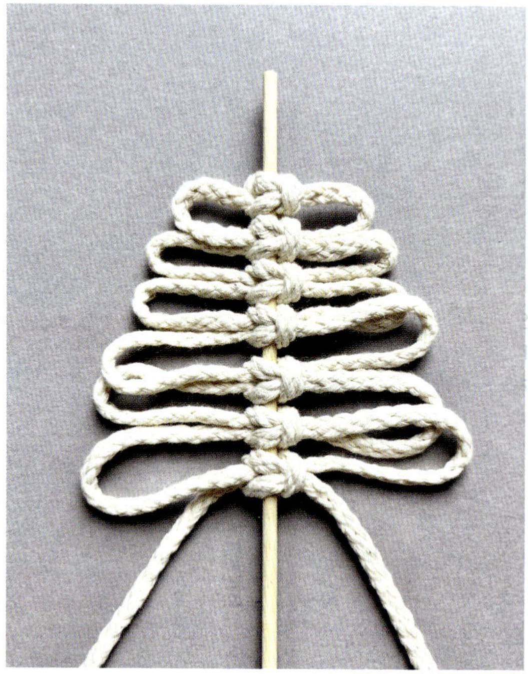

Variante 2

1 Nehmen Sie zwei der 15 cm langen Fäden. Legen Sie beide Fäden mit der geschlossenen Seite zum Spieß schauend hin.

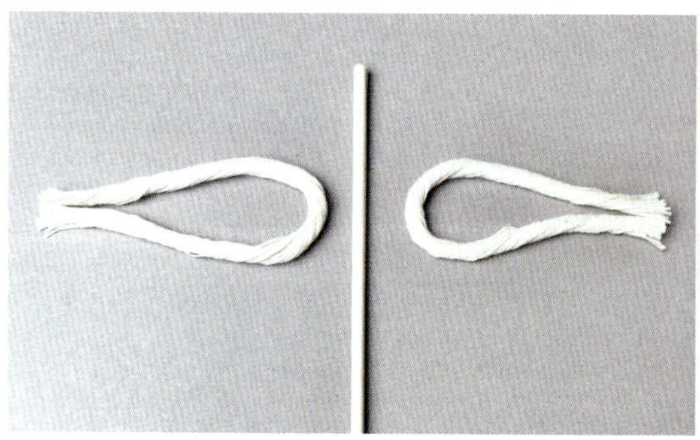

2 Legen Sie den linken Faden unter den Spieß.

3 Nehmen Sie nun den rechten Faden und führen Sie diesen durch die Schlaufe des linken Fadens.

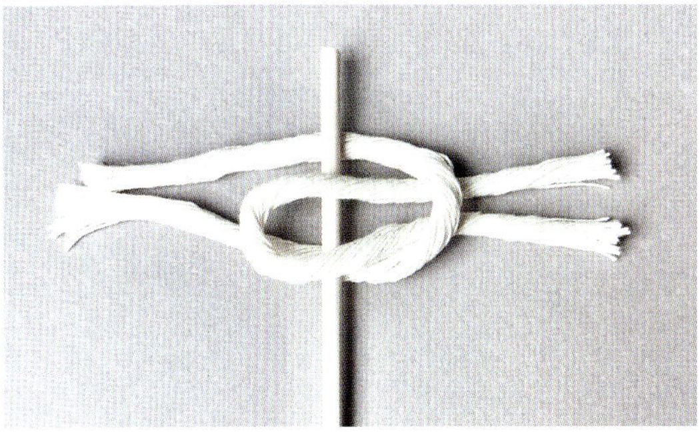

4 Führen Sie die Enden des linken Fadens durch die Schlaufe des rechten Fadens. Ziehen Sie anschließend den Knoten zusammen, indem Sie die Enden der Fäden gleichzeitig ziehen.

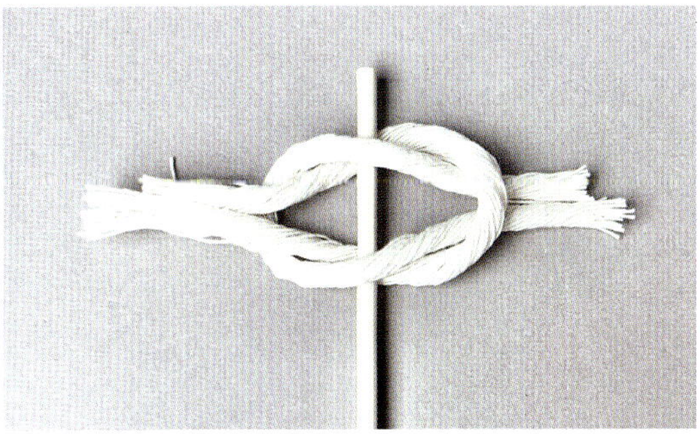

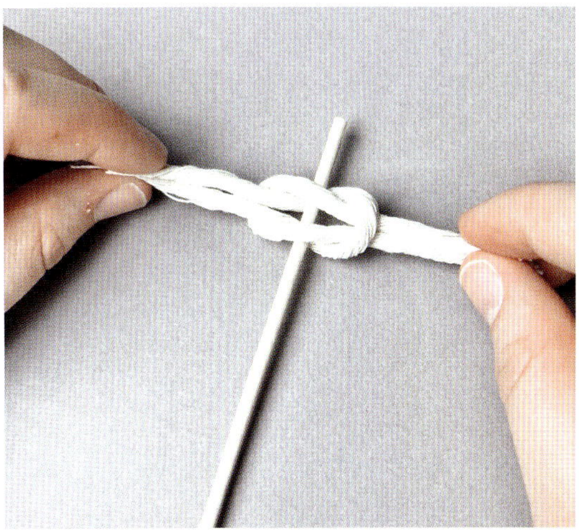

5 Wiederholen Sie diese Schritte für die restlichen Fäden. Die kürzeren Fäden am Anfang einsetzen, die längeren Fäden, sobald die kürzeren aufgebraucht sind.

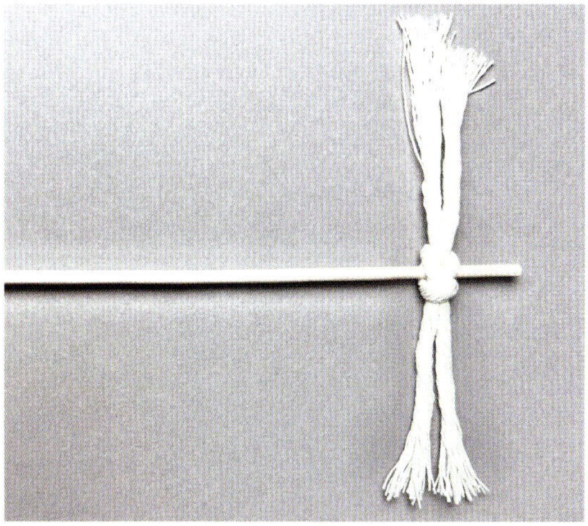

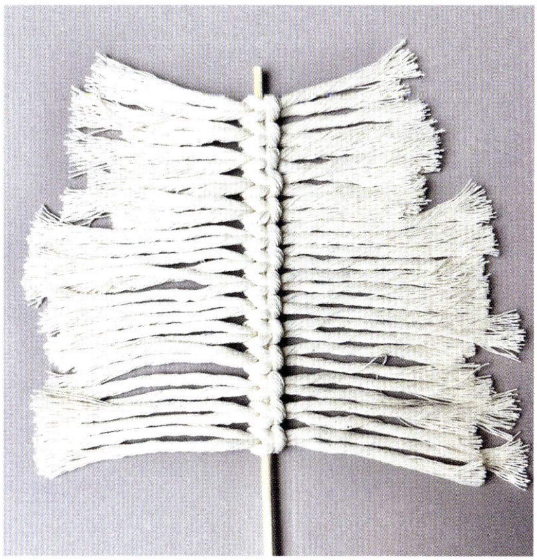

6 Die Fäden mit einem Kamm aufkämmen und mit Klebespray oder Haarspray fixieren, trocknen lassen und mit der Schere in Form schneiden. Den Tannenbaum nach Wunsch schmücken. Kleben Sie z. B. einen kleinen Holzstern an die Spitze des Baumes oder kleine Holzkugeln entlang des Spießes.

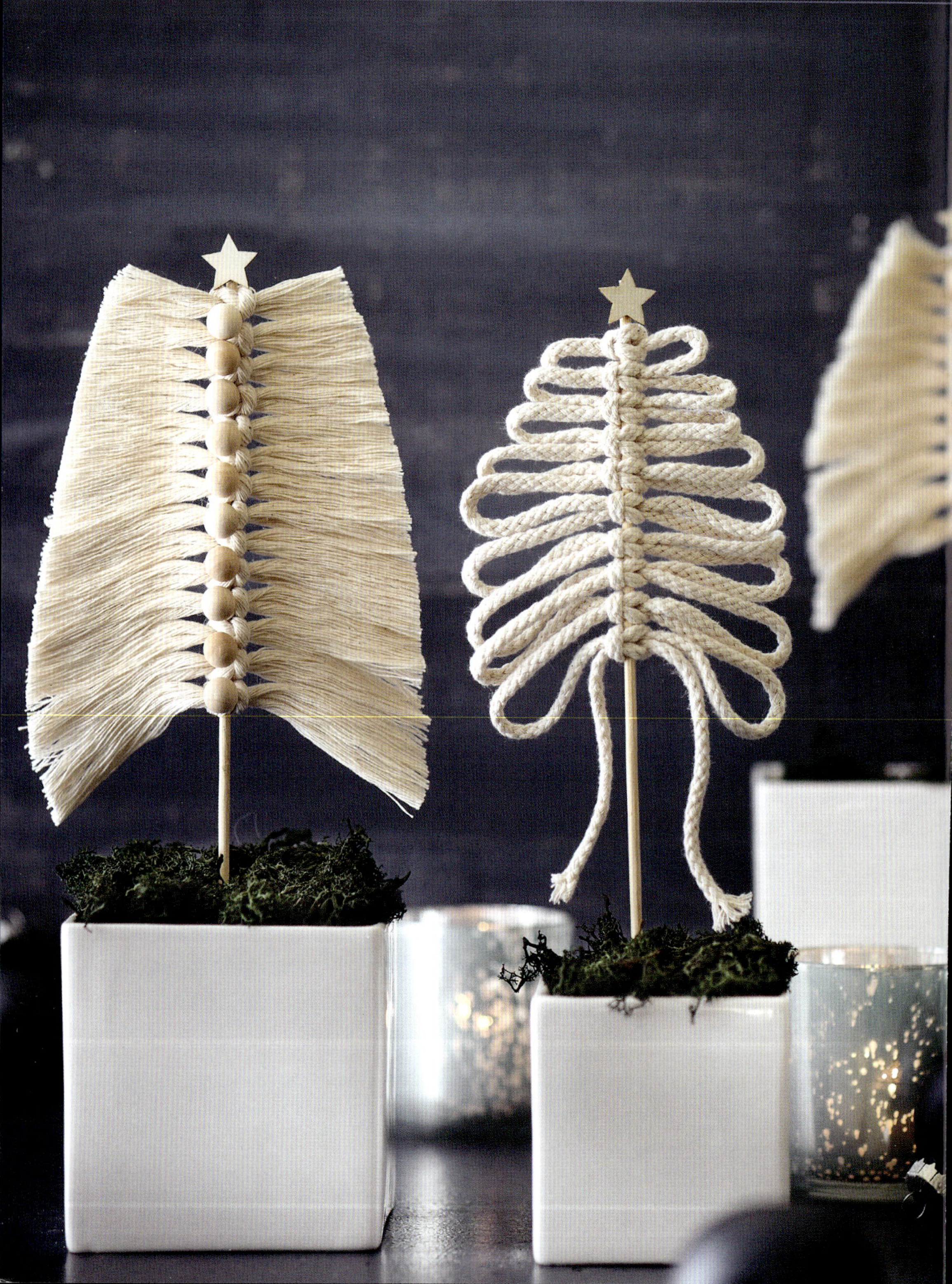

Zuckerstange

MOTIVGRÖSSE

ca. 15 cm x 5 cm

MATERIAL

- Baumwollfaden in Grün, geflochten, ø 4 mm, 1,20 m lang
- Baumwollfaden in Natur, geflochten, ø 4 mm, 1,20 m lang
- Baumwollfaden in Gelb, geflochten, ø 4 mm, 40 cm lang
- Metalldraht, ø 2 mm, 15 cm lang

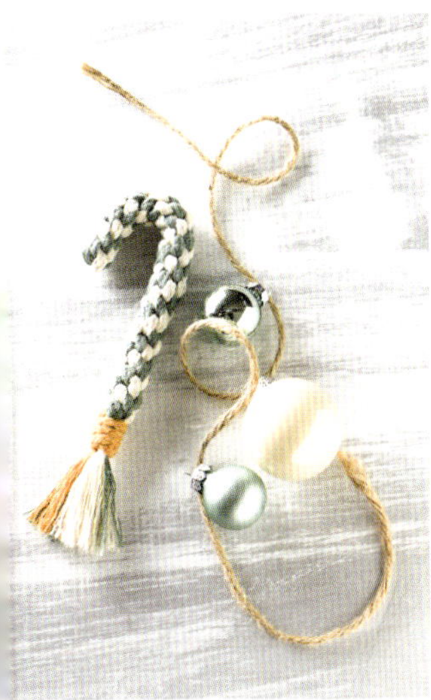

1 Legen Sie die beiden 1,20 m langen Fäden gekreuzt in der Mitte aufeinander. Daraufhin legen Sie die beiden Enden des naturfarbenen Fadens jeweils nach oben und unten, sodass sich eine Schlaufe bildet.

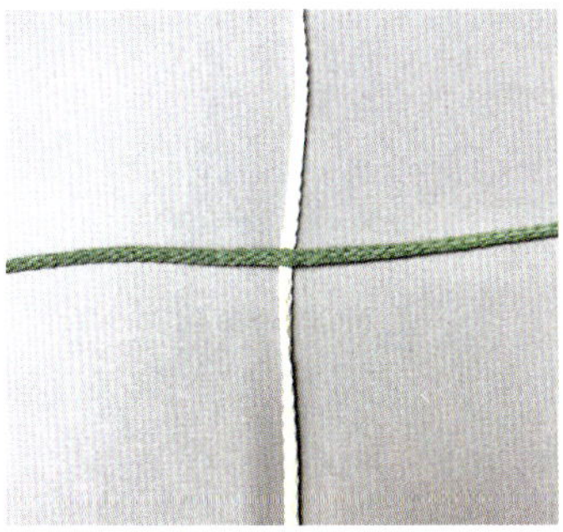

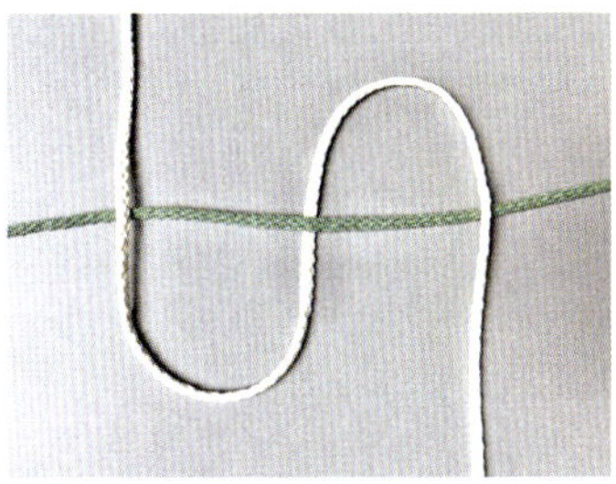

2 Nun führen Sie die beiden Enden des grünen Fadens jeweils durch die Schlaufen.

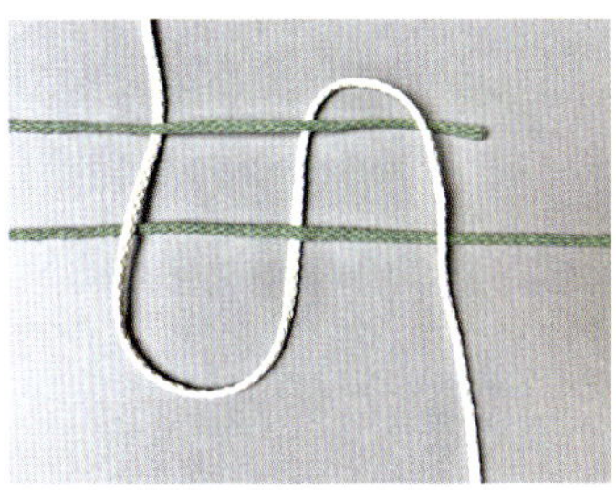

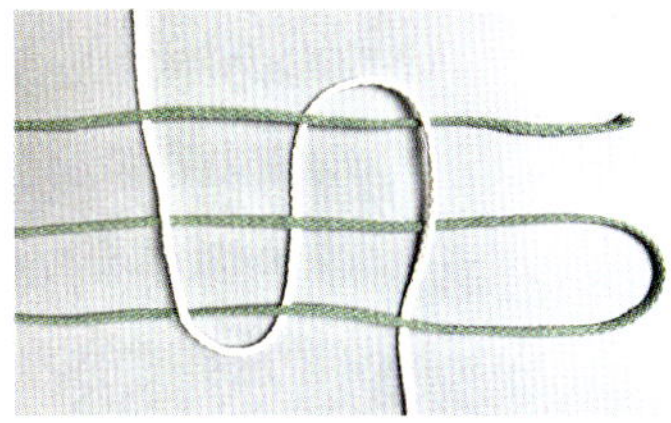

3 Ziehen Sie nun gleichzeitig an den Fäden, sodass sich ein fester Knoten bildet.

4 Wiederholen Sie die Schritte 1 und 2 mehrmals, es wird sich langsam ein Turm nach oben hin bilden.

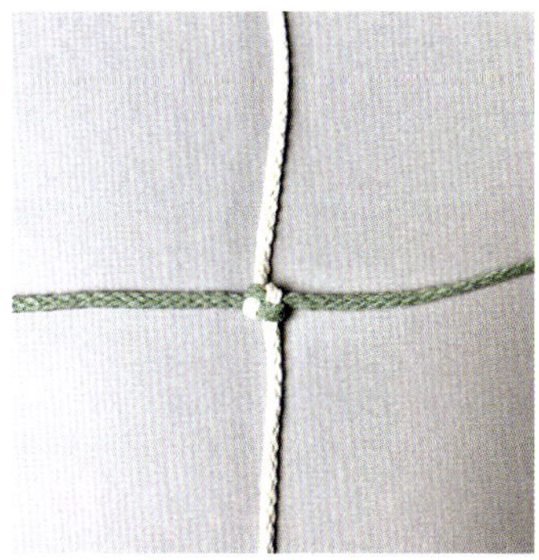

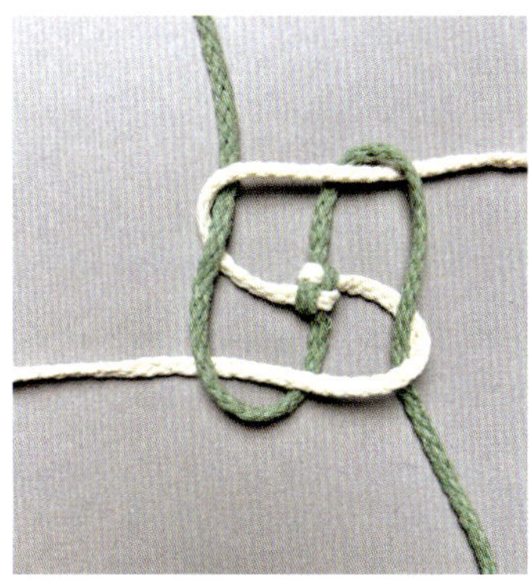

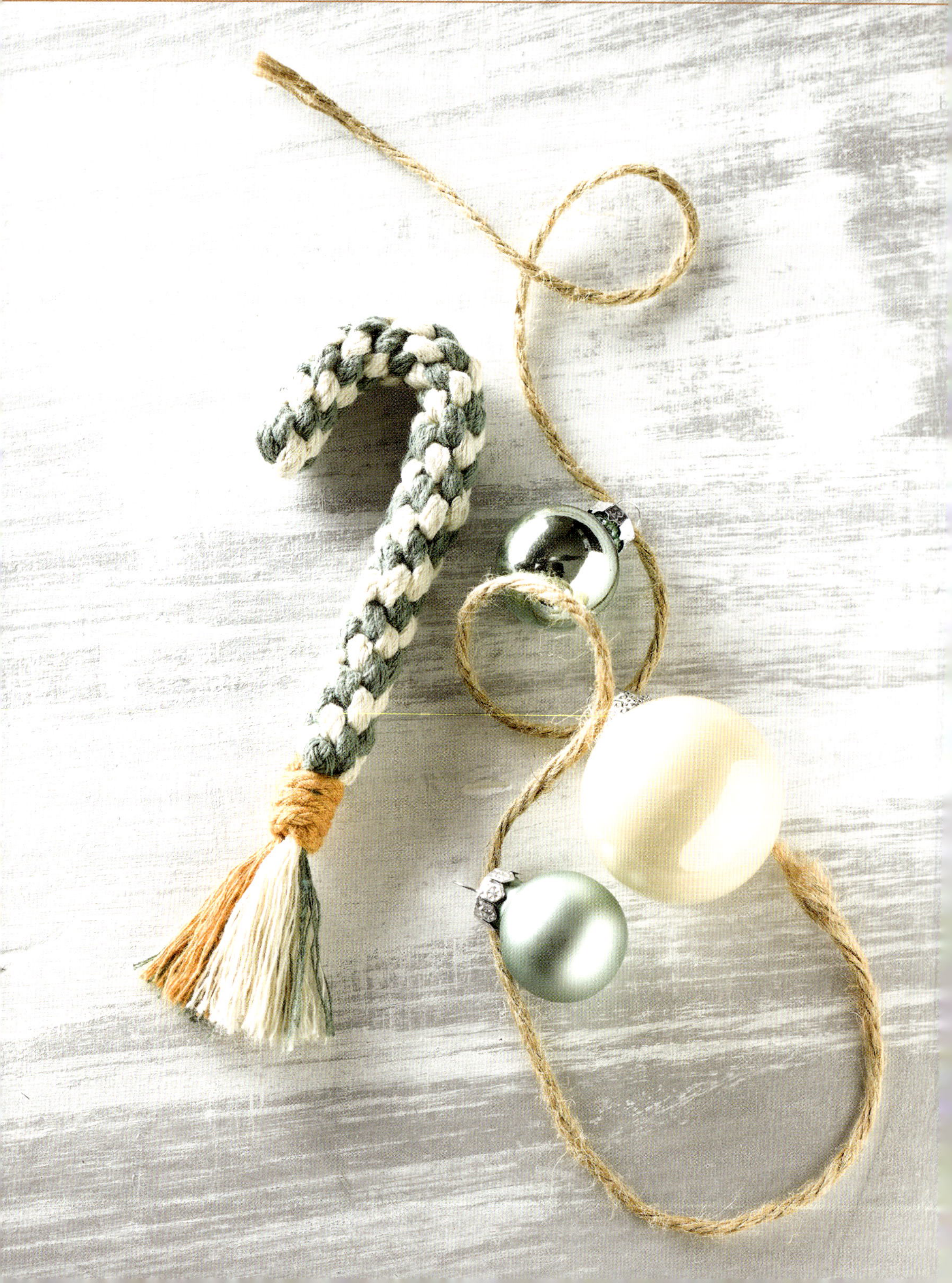

5 Sobald Sie einige Knoten gemacht haben, können Sie den Draht in die Mitte einführen bis er vorne anstößt. Dann knüpfen Sie weiter mit dem Draht in der Mitte.

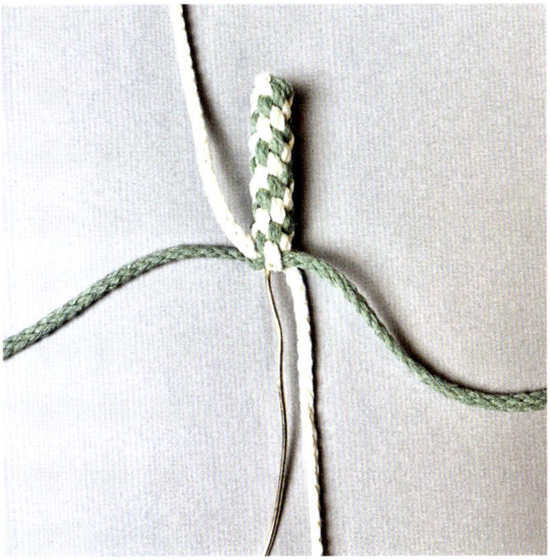

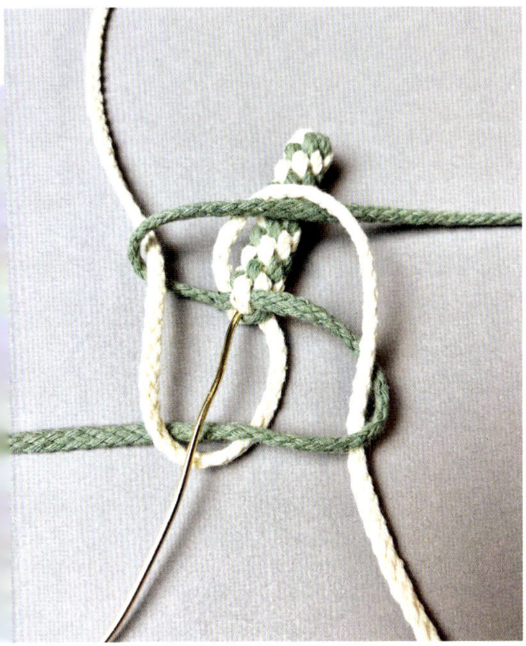

6 Wenn die Fäden kürzer werden, können Sie den herausschauenden Draht wegschneiden und die Fäden mit einem Wickelknoten verbinden.

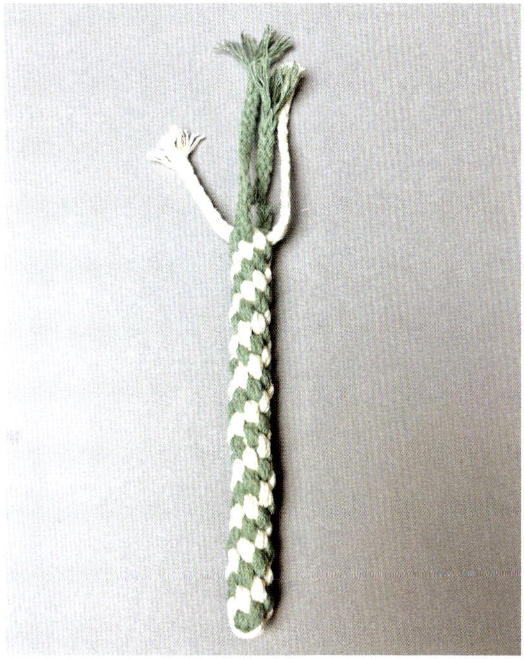

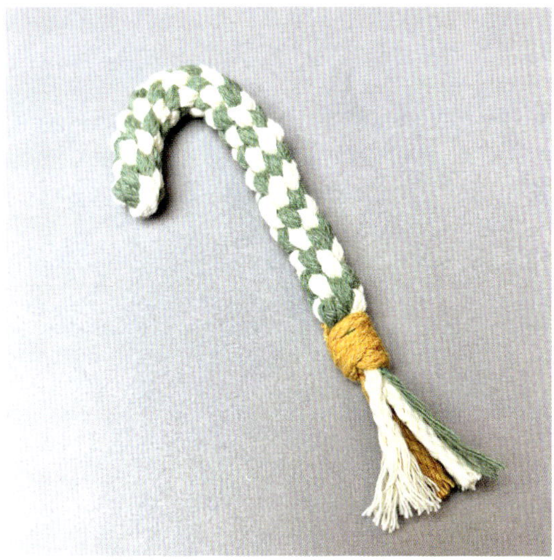

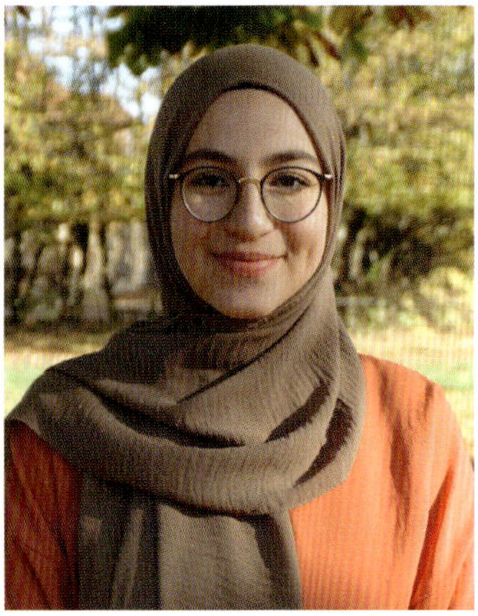

Sema Kaya ist leidenschaftliche Makramee-Künstlerin und teilt Ihre Freude an der Fingergymnastik in ihrer freien Zeit am liebsten auf ihrem Instagram-Account @makrameelaedle. Für alle Kreativköpfe bietet Sie in Ihrem Etsy-Shop auch Makramee-Garn & Zubehör an.Geboren und aufgewachsen im Raum Esslingen, lebt die angehende Lehrerin heute mit ihrem Mann in Leinfelden-Echterdingen.

DANKE!

Herzlichen Dank an die Firma Seilwerk Paul Dittus GmbH (www.pferdeseile.de, Instagram: @makramee_madeingermany), für die freundliche Bereitstellung von Materialien.

TOPP – Unsere Servicegarantie

WIR SIND FÜR SIE DA! Bei Fragen zu unserem umfangreichen Programm oder Anregungen freuen wir uns über Ihren Anruf oder Ihre Post. Loben Sie uns, aber scheuen Sie sich auch nicht, Ihre Kritik mitzuteilen – sie hilft uns, ständig besser zu werden.

Bei Fragen zu einzelnen Materialien oder Techniken wenden Sie sich bitte an unseren Kreativservice, Frau Erika Noll.
mail@kreativ-service.info
Telefon 0711 / 123 757 20

Das Produktmanagement erreichen Sie unter:
pm@frechverlag.de
oder:
frechverlag
Produktmanagement
Dieselstraße 5
70839 Gerlingen
Telefon 07 11 / 8 30 86 68

LERNEN SIE UNS BESSER KENNEN! Fragen Sie Ihren Hobbyfach- oder Buchhändler nach unserem kostenlosen Magazin **Meine kreative Welt**. Darin entdecken Sie zweimal im Jahr die neuesten Kreativtrends und interessantesten Buchneuheiten.

Oder besuchen Sie uns im Internet! Unter **www.topp-kreativ.de** können Sie sich über unser umfangreiches Buchprogramm informieren, unsere Autoren kennenlernen sowie aktuelle Highlights und neue Kreativtechniken entdecken, kurz – die ganze Welt der Kreativität.

Kreativ immer up to date sind Sie mit unserem monatlichen **Newsletter** mit den aktuellsten News aus dem frechverlag, Gratis-Bastelanleitungen und attraktiven Gewinnspielen.

IMPRESSUM

FOTOS: frechverlag GmbH, 70839 Gerlingen; lichtpunkt, Michael Ruder, 70176 Stuttgart (Modellfotos); Sema Kaya (alle übrigen)
UMSCHLAG: Josephine Kirsch (Text und Foto
PRODUKTMANAGEMENT UND LEKTORAT: Melissa Portz
COVERGESTALTUNG: Eva Hook
HERSTELLUNG: Heike Köhl
SATZ: Fotosatz H. Buck
DRUCK: Finidr s.r.o., Tschechische Republik

Materialangaben und Arbeitshinweise in diesem Buch wurden von den Autorinnen und den Mitarbeitern des Verlags sorgfältig geprüft. Eine Garantie wird jedoch nicht übernommen. Autorinnen und Verlag können für eventuell auftretende Fehler und Schäden nicht haftbar gemacht werden. Das Werk und die darin gezeigten Modelle sind urheberrechtlich geschützt. Die Vervielfältigung und Verbreitung ist, außer für private, nicht kommerzielle Zwecke, untersagt und wird zivil- und strafrechtlich verfolgt. Dies gilt insbesondere für die Verbreitung des Werkes durch Fotokopien, Film, Funk und Fernsehen, elektronische Medien und Internet sowie für die gewerbliche Nutzung der gezeigten Modelle. Bei Verwendung im Unterricht und in Kursen ist auf dieses Buch hinzuweisen.

1. Auflage 2022

© 2022 frechverlag GmbH, Dieselstr. 5, 70839 Gerlingen,
einem Unternehmen der Penguin Random House Verlagsgruppe GmbH, München

ISBN 978-3-7358-5042-3 • Best.-Nr. 25042

FSC MIX Aus verantwortungsvollen Quellen FSC® C014138 www.fsc.org

Penguin Random House Verlagsgruppe
FSC® N001967